步步精益

三 金 ◎ 著

经济日报出版社
· 北 京 ·

图书在版编目（CIP）数据

步步精益 / 三金著. -- 北京 : 经济日报出版社,
2025. 4. -- ISBN 978-7-5196-1229-0
Ⅰ. F272
中国国家版本馆 CIP 数据核字第 2024EJ5925 号

步步精益
BUBU JINGYI

三金　著

出版发行：	经济日报出版社
地　　址：	北京市西城区白纸坊东街 2 号院 6 号楼
邮　　编：	100054
经　　销：	全国各地新华书店
印　　刷：	文畅阁印刷有限公司
开　　本：	710 mm×1000 mm　1/16
印　　张：	12.25
字　　数：	150 千字
版　　次：	2025 年 4 月第 1 版
印　　次：	2025 年 4 月第 1 次
定　　价：	88.00元

本社网址：www.edpbook.com.cn，微信公众号：经济日报出版社
请选用正版图书，采购、销售盗版图书属违法行为
版权专有，盗版必究。本社法律顾问：北京天驰君泰律师事务所，张杰律师
举报信箱：zhangjie@tiantailaw.com　　举报电话：（010）63567684
本书如有印装质量问题，由我社事业发展中心负责调换，联系电话：（010）63538621

前言

步步精益，就是一步一步走上精益的道路，一步一步走上效率的道路，一步一步走向成功。

精益，也叫 LEAN，诞生于 20 世纪的管理长河中，是一套追求改善的管理哲学，是在创造价值的目标下不断消除浪费的改善之旅，是企业领导和全体员工提升企业能力和员工能力的修炼。

精益，广泛运用于生产、研发、服务等领域。它是一个追求效率的过程，是一个持续改善的过程。它的目标是提供让客户满意的物美价廉的产品和服务。

很多人都知道精益，但是把精益做好、做到位的少之又少。其根本原因是不熟悉精益的基本概念和工具，不清楚如何推进精益，没有找到行之有效的路径。

本书将精益拆解为九九八十一步，手把手教你如何开启精益之旅，如何从一个小白变成精益专家，如何一步一步走向精益极致，让企业实现持续改善。

本书通过图解的方式直观地阐述了精益的推行步骤，九九八十一步，从上层领导到基层员工，从思想转变到行动落实，用简洁的图表和文字讲解，让读者秒懂精益思维、精益应用、精益提升。

本书共有 9 个篇章：
1. 思维转变
2. 改善基础
3. 现场管理
4. 时间游戏
5. 物流统筹
6. 机器效率
7. 改善手法
8. 改善体系
9. 改善文化

本书也可以作为一个精益工具速查手册，根据不同的场景，快速匹配适用的工具。

精益，该学什么？如何来学？如何来用？现在就跟我们一起出发吧，开启精益之旅，一步一个台阶，步步精益，步步增效。

目录

第一章：思维转变

1. 讲效率改善，就一定要聊聊精益 / 2
2. 精益的价值：学了，到底有什么好处？ / 4
3. 精益的历史：说说精益的前世今生 / 6
4. 领导，是效率改善的瓶颈 / 8
5. 精益原则：当决策犹豫时，回到原则上 / 10
6. 改善小组：万里长征第一步 / 12
7. 视频记录技术：记录改善的事实基础 / 14
8. 晨会：搭建基层的沟通渠道 / 16
9. 复盘：把经验转化为能力 / 18

目录

第二章：改善基础

10. 整理（1S）：留或不留，是个大问题 / 22

11. 整顿（2S）：把东西放好的技巧 / 24

12. 清扫（3S）：消除污染源头 / 26

13. 清洁（4S）：建立制度，保持成果 / 28

14. 素养（5S）：有了习惯，才能形成素养 / 30

15. 安全（6S）：现场管理的首要任务 / 32

16. 6S的推广：避免形式主义的方法论 / 34

17. 浪费：先识别，再消除 / 36

18. 3U Meno法：从三个"不"再看一眼 / 38

目录

第三章：现场管理

19. GEMBA：讲现场，就是真的跑到现场去 / 42

20. 大野耐一圈：在现场看什么？ / 44

21. 目视化：提升现场，从一目了然开始 / 46

22. 纸卡系统：随时都能接受检查 / 48

23. 看板：管理现场的流动 / 50

24. 现场教导：从心到行的改变 / 52

25. 改善系统 3C：我的工位，我做主 / 54

26. 员工合理化建议：让更多的大脑参与 / 56

27. 改善日：脑力激荡一下 / 58

目录

第四章：时间游戏

28. 精益是基于时间的竞争 / 62

29. 时间观测：改善的基石方法 / 64

30. 标准差：有数据，一定有误差 / 66

31. 流程图：千言万语不如一张图 / 68

32. ECRS 四原则：改善全家桶 / 70

33. 动作经济原则：从动作移动中找时间 / 72

34. 工时预估技术：标准工时是多少？ / 74

35. 生产线平衡：效率的损失，藏在哪里？ / 76

36. HPU：如何用时间来衡量需要多少员工？ / 78

目录

第五章：物流统筹

37. 精益布局：布局里有大学问！ / 82

38. 标准作业：快速迭代的基础 / 84

39. 库存：让人又爱又恨的物料 / 86

40. 库存周转率：企业的挣钱能力 / 88

41. 面条图：一步的价值是多少？ / 90

42. 水蜘蛛：物料运输也需要优化！ / 92

43. 利特尔法则：了解最低库存量 / 94

44. 鼓—缓冲—绳：鼓点决定了行军速度 / 96

45. 库存可供应天数：衡量库存的标尺 / 98

目录

第六章：机器效率

46. 简易自动化：减少工作量的利器 / 102

47. 自动化：重复的劳动我来做 / 104

48. 智能制造：跟上时代的发展趋势 / 106

49. FMEA：失效模式分析让你有备而来 / 108

50. 防错模式：如何第一次就把事情做对？ / 110

51. 安灯系统：永不停止的生产线是好还是坏？ / 112

52. 快速换模：从切换中找效率！ / 114

53. 设备综合效率：让设备飞起来！ / 116

54. 全员生产维护：一定要发动群众的力量！ / 118

目录

第七章：改善手法

55. 品管七大手法：质量改善通行证 / 122

56. 六西格玛：提升品质的必备工具 / 124

57. 制约理论：提升效率，要从瓶颈开始 / 126

58. PDCA：改善的路径 / 128

59. 5WHY：打破砂锅问到底 / 130

60. 5W2H：让思维更缜密 / 132

61. A3报告：优秀的报表不在篇幅上 / 134

62. 8D：团队导向问题解决法 / 136

63. TRIZ：创新问题的解决方法 / 138

目录

第八章：改善体系

64. 改善：一点点进步，成就无限可能 / 142

65. 3P7F 模型：用一张图规划效率改善 / 144

66. 价值流程图：企业运营的切片研究 / 146

67. 均衡化生产：生产计划的策略 / 148

68. 拉动系统：按需生产 / 150

69. 拉动和推动：你选哪个？ / 152

70. 单件流：生产的理想状态 / 154

71. 准时化：让产品定时定点定量 / 156

72. 生产准备流程：规划品质，预防浪费 / 158

目录

第九章：改善文化

73. 办公布局：位置怎么安排才合理？ / 162

74. 快乐杀手：你快乐吗？ / 164

75. 付出—收益：如何摆脱"穷忙族"？ / 166

76. 组织系统模型：办公流程改善利器 / 168

77. 信息共享：合作共赢 / 170

78. 效率组织形态：如何持续提升效率？ / 172

79. 精益屋：企业的大局观 / 174

80. 效率九宫：打造高效率生态组织 / 176

81. 精益极致：行则将至，心至必成 / 178

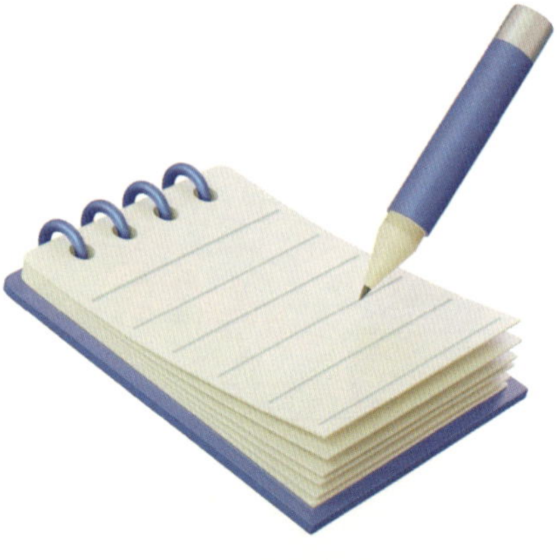

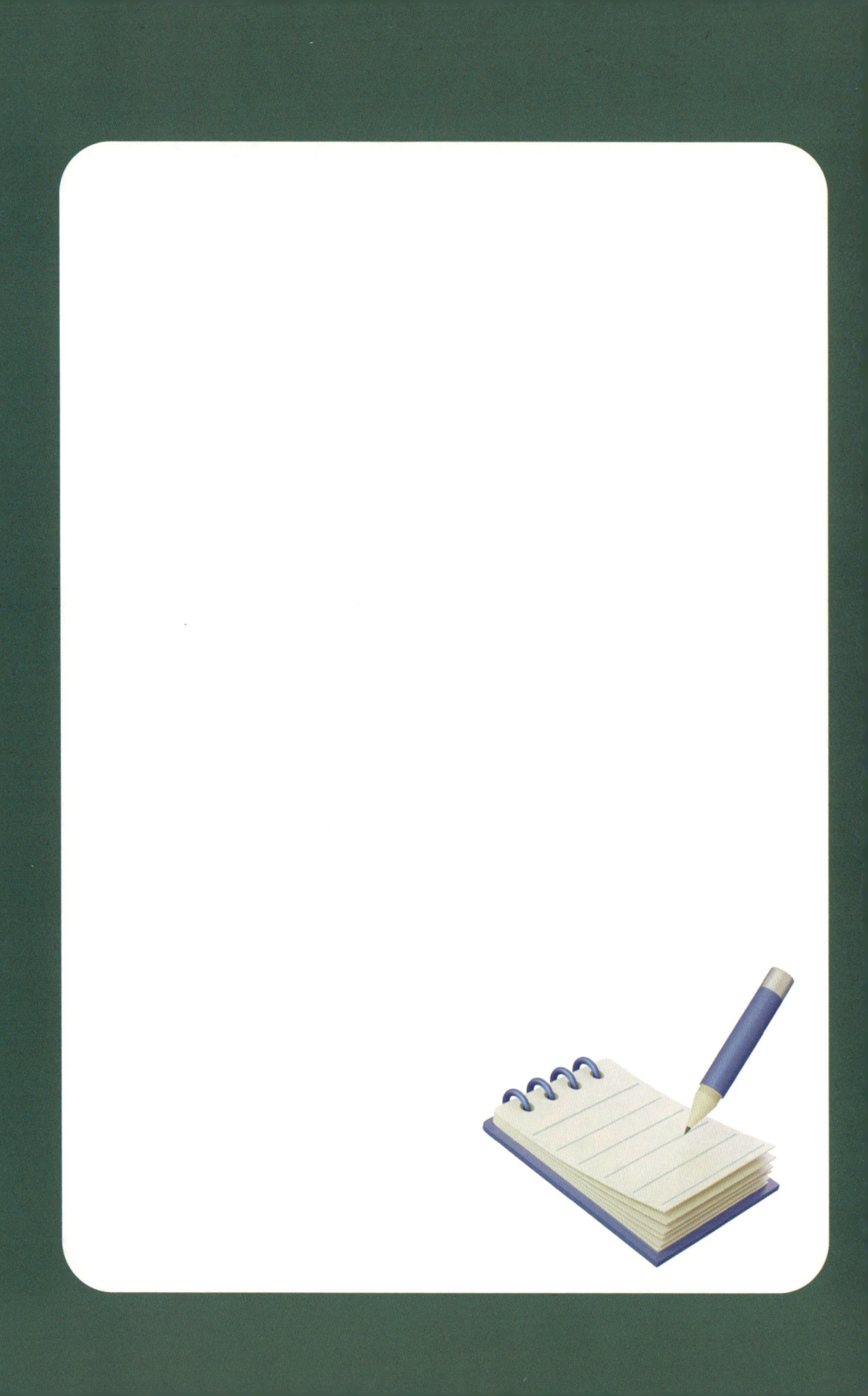

第一章：思维转变

学习精益，必须要有几个思维的转变：

1. 生产管理也是有科学方法可遵循的

很多企业的生产经营管理活动都是通过经验积累起来的，并没有一个科学的体系，而精益提供了一套科学的生产管理方法。

2. 精益是工具和管理理念的融合

精益不仅是一个应用工具，更是一种经营理念，是一种企业文化。它扎根于生产现场，升华于全员参与，促使企业的经营活动实现价值增值。

3. 从浪费中要利润

在生产中，压缩一切不必要的成本，减少浪费，降低运营成本，简化运作程序，节省大量人力和时间，帮助企业获取更多利润。这种生产方式具有极强的可操作性，尤其对于中小企业十分适用。

作为精益爱好者和实践者，我们需要了解：

精益的理念

接受精益的理念，了解精益的价值、历史、精益领导力以及精益原则。

实践精益的四个关键

要推行精益就要有相应的组织架构、人员配置、记录手法、高效会议，这样才能循序渐进。

1. 讲效率改善，就一定要聊聊精益

> **什么是"精益"？**
> 精益是一种管理哲学，是在创造价值的目标下不断地消除浪费，是企业领导和全体员工一起提升企业能力和员工能力的修炼！

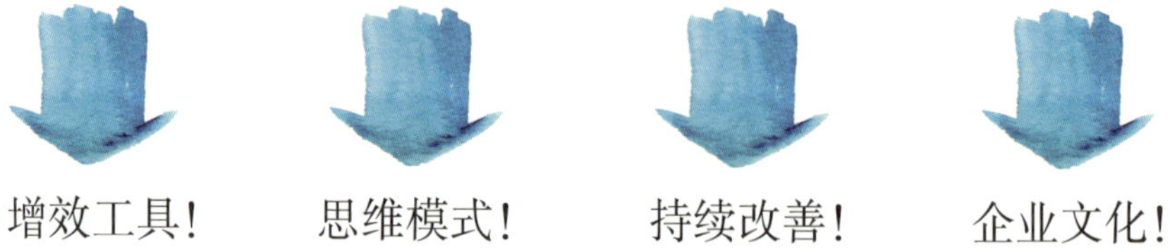

增效工具！　　思维模式！　　持续改善！　　企业文化！

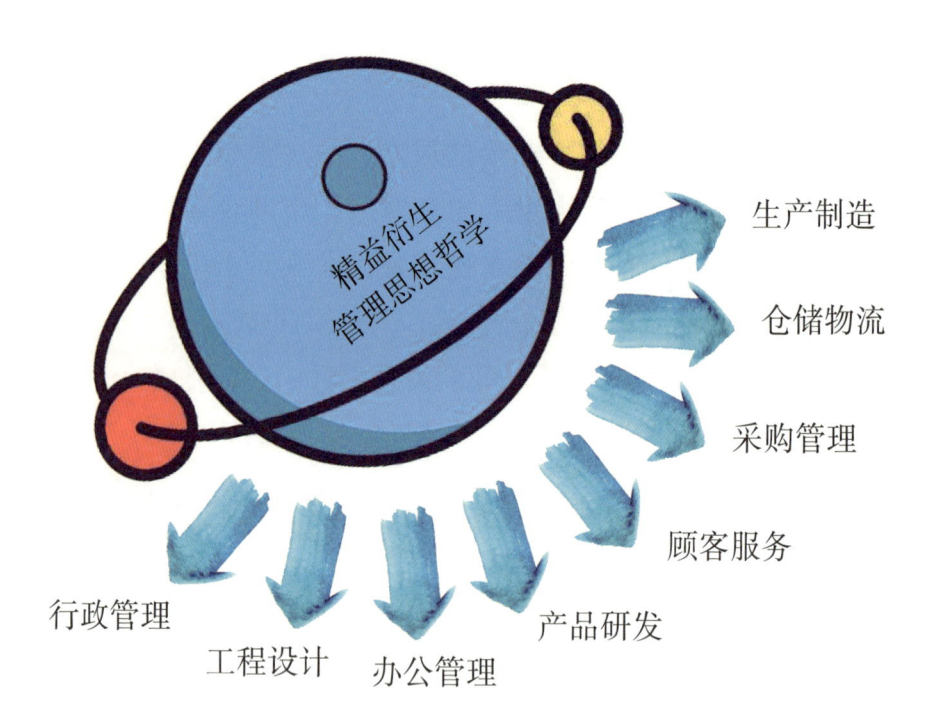

精益衍生管理思想哲学

- 生产制造
- 仓储物流
- 采购管理
- 顾客服务
- 产品研发
- 办公管理
- 工程设计
- 行政管理

精益的世界，都在这冰山下

精益的世界有三座冰山：

1. 问题冰山

表面的显性问题很容易解决，但是真正的问题往往藏在水平面之下，越往下深挖，改善机会越多。

2. 成熟度冰山

只是掌握精益的方法和工具远远不够，只有形成精益的思维模式和生态系统才能实现持续改善。

3. 参与度冰山

只有高层领导参与的精益不能持续，只有发挥中层管理和基层员工的智慧，才能实现持续改善。

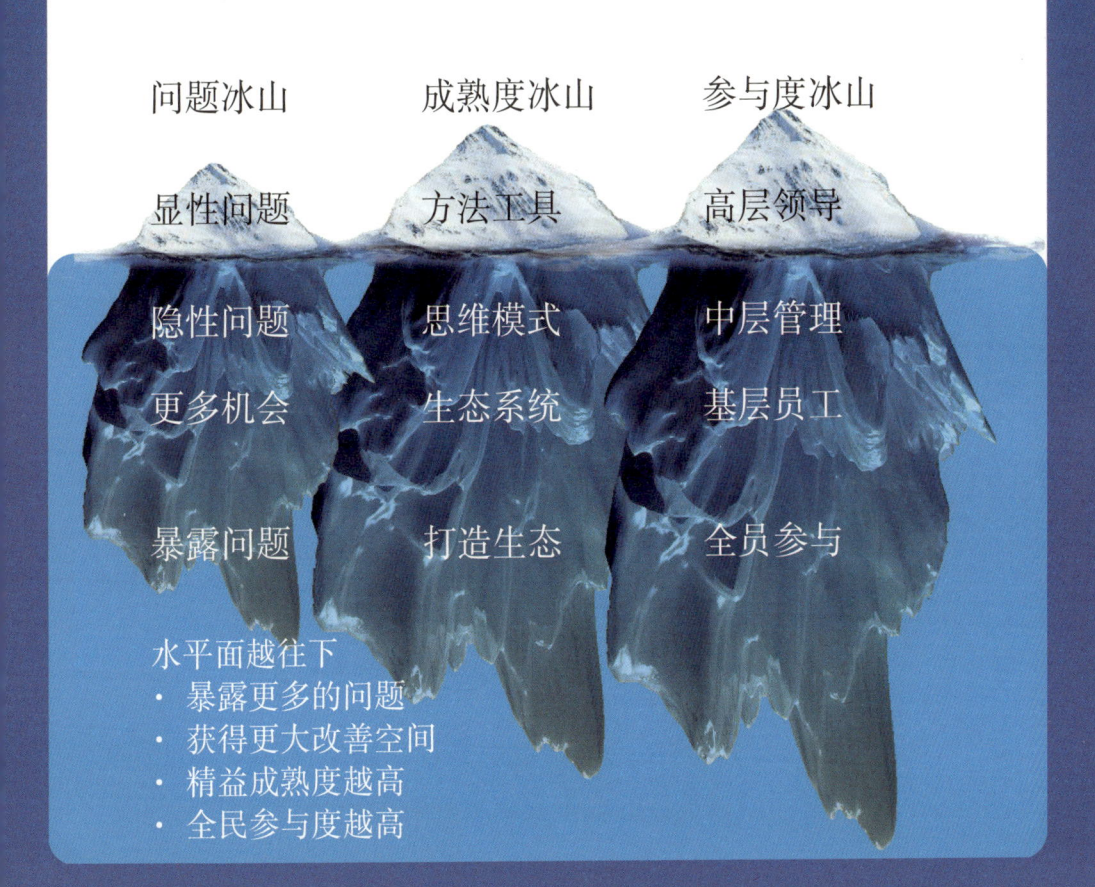

问题冰山	成熟度冰山	参与度冰山
显性问题	方法工具	高层领导
隐性问题	思维模式	中层管理
更多机会	生态系统	基层员工
暴露问题	打造生态	全员参与

水平面越往下
- 暴露更多的问题
- 获得更大改善空间
- 精益成熟度越高
- 全民参与度越高

2. 精益的价值：学了，到底有什么好处？

企业运营的核心在于创造企业价值。企业价值是实现企业持续发展的根本，也是实现员工价值和社会价值的根本。那精益的价值是什么？我们从四个方面来阐述：

企业运营
- 提升运营效率
- 建立和谐关系
- 打造敏捷团队

个体发展
- 提高自我能力
- 提升工作效率
- 形成科学思维

客户增值
- 服务客户
- 成就卓越

社会责任
- 培养社会人才
- 改善社会风气
- 推动社会进步

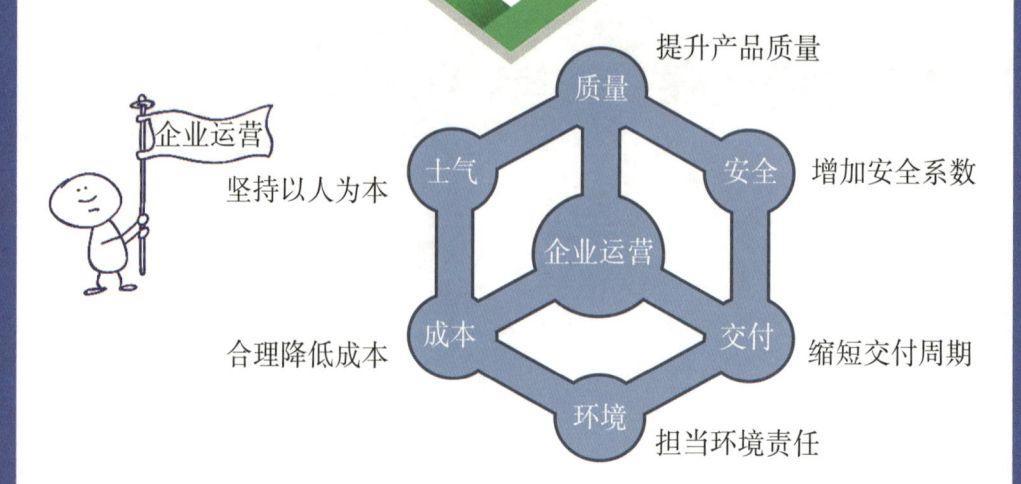

企业运营

- 质量 —— 提升产品质量
- 安全 —— 增加安全系数
- 交付 —— 缩短交付周期
- 环境 —— 担当环境责任
- 成本 —— 合理降低成本
- 士气 —— 坚持以人为本

企业运营：通过全价值链上的效率管理，减少各个环节的浪费，实现在必要的时间内以最低的成本交付客户高品质规定数量的产品。

精益价值的"三个体现"

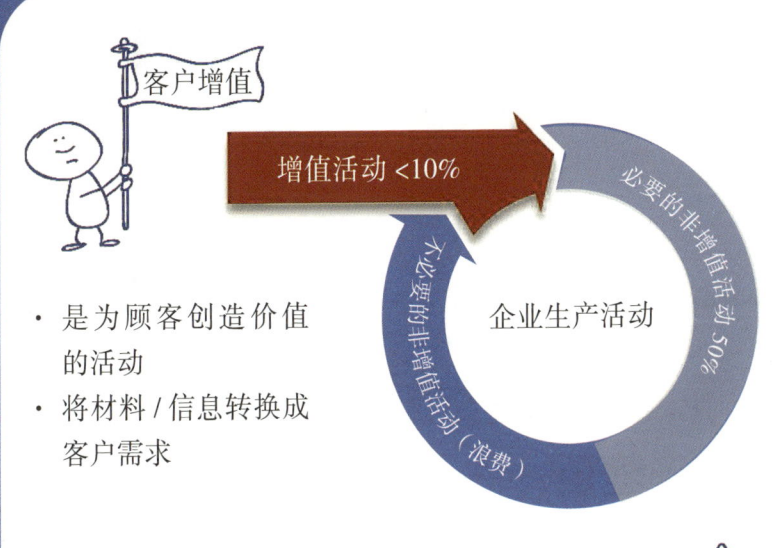

客户增值
- 是为顾客创造价值的活动
- 将材料/信息转换成客户需求

增值活动 <10%
必要的非增值活动 50%
不必要的非增值活动（浪费）
企业生产活动

必要的非增值活动是对增值活动的支援
- 来料/在制品/成品的检验
- 设备的维护等

✓ 培养社会人才
✓ 改善社会风气
✓ 推动社会进步

社会责任

社会责任：一个企业不仅应承担法律和经济上的义务，还应承担"追求对社会有益的长期目标"的义务，推动社会发展。

个体发展

培养会思考、会改善的个体（终极价值）

思考 → 分析解决问题的能力 → 改善 → 提升

个体发展：将精益思想融入人才培养工作，大幅度提高人才培养的效率，缩短人才培养周期，实现快速提升。

3. 精益的历史：说说精益的前世今生

1913
美国福特创立第一条汽车生产流水线，实现大规模，大批量生产模式。

1924
丰田佐吉成功研制"丰田式汽动织机"。

1926
成立了丰田自动车工业株式会社，这是丰田公司向汽车制造行业拓展的开端。

1911年，泰勒《科学管理原理》
泰勒认为科学管理的根本目的是谋求最高劳动生产率，最高的工作效率是雇主和雇员达到共同富裕的基础，要达到最高的工作效率的重要手段是用科学化、标准化的管理方法代替经验管理。

1950年代初期
受到美国福特公司流水线生产模式的启发，丰田在生产中开始探索如何通过减少库存、提升生产效率和灵活性来降低成本。

1943
大野耐一加入丰田，起初他在丰田的生产部从事与生产管理相关的工作。

1954年，德鲁克《管理的实践》
德鲁克提出管理的三项职能（设定目标、组织资源、测量与评估）

1943年，马斯洛"需求层次理论"

1959
丰田导入TQC系统时，大野耐一认为：问题从发生到发现，整个过程时间越长越难找到问题的根源。

1960
丰田生产方式（TPS）逐步完善，形成了基于准时生产（JIT）、自动化（Jidoka）和持续改进（Kaizen）等核心理念的生产管理系统。这些理念不仅仅是丰田的生产方式，而是整个精益生产体系的基础。

1958年，马奇和西蒙《组织》
尽管大多数组织有层级制度，但组织过程绝不能单纯依靠命令和权力来完成，关注决策而非层级，也是现代组织和管理重要的一环。

精益的发展与管理技术的发展相辅相成

把握历史大势，掌握精益精髓

1985
美国麻省理工学院发起的跨国研究项目 IMVP–International Motor Vehicle Program

1990
著作《改变世界的机器》，第一次将丰田生产模式定义为 Lean Production

1996 年，沃麦克和琼斯合著《精益思想》
在书中总结了精益生产的五个基本原则：价值、价值流、流动、拉动和完美，这些原则与 JIT 有着紧密的联系。通过精益思维，企业可以最大程度地消除浪费、优化流程、减少库存，从而实现持续改进和客户价值的最大化。

1975
丰田超过德国大众，成为美国进口车销售冠军

1973
石油危机，美国人开始寻求经济型汽车，丰田汽车销量增长

1968
汽车出口美国，Carolla 小型车辆出口美国，成为畅销车

1973 年，亨利·明茨伯格《管理工作的本质》
通过对管理者工作内容的深入研究，展示了管理工作远非单纯的计划和控制，而是一个充满互动、应变和多任务的复杂过程。

1963
把所有的控制参数目视化

1965
- 丰田荣获"戴明奖"
- 丰田花费 5 年时间保证三不原则（不接受，不制造，不传递不良品）

1968
丰田所有供应商进料免检

1966 年，德鲁克《卓有成效的管理者》
德鲁克重新定义了"管理者"，他提出管理者就是组织中的知识工作者，而管理者的首要任务就是管理好自己，也就是现在所说的"人人都是管理者"。

4. 领导，是效率改善的瓶颈

企业改善的瓶颈到底在哪里？

丰田生产模式的成功并非只靠一些生产管理工具，而是有很优秀的管理人员日日夜夜在现场进行彻底改进，因此形成了良好的改善土壤。在丰田，管理人员的领导力是改善过程中最大的推动力！如果企业推行精益不成功，最该反思的是企业所有的管理人员，即通常被叫作"领导"的人！

传统领导方式	精益领导方式
关注短期目标	关注长期理念
尽可能多生产（推动）	按照市场需求（拉动）
局部优化	从瓶颈开始优化
标准限制创造力	标准启动持续改进
隐藏问题	暴露问题
不能中断生产线	停止生产线并解决问题
员工是负债	员工是资产
领导是老板	领导是教练
看报告做决定	亲自去现场看
常问责任人是谁	常用五个为什么
快速计划，实施缓慢	计划强调共识，快速行动
专家解决问题	全员参与解决问题

领导，组织的瓶颈！

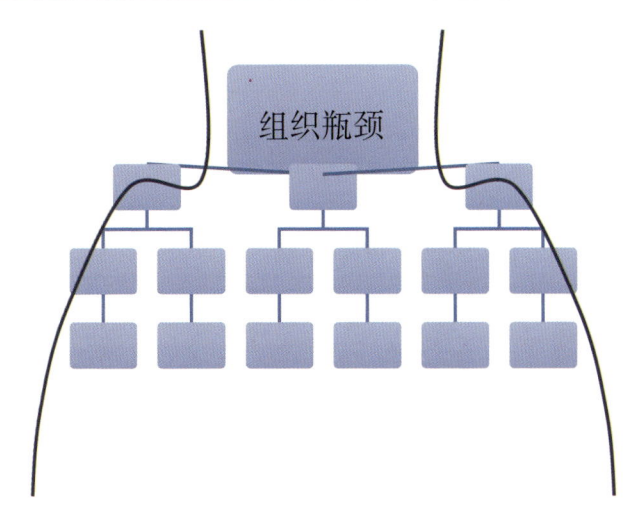

一个组织精益的推广和发展能走多远完全取决于领导对精益改善的了解程度、重视程度、推行程度、参与程度。因为，领导的决策、沟通、战略引领、资源配置等各方面的能力，都可能成为制约组织发展的关键因素。

要避免成为瓶颈，领导者需要不断提升自我，善于授权、激励员工，并推动组织文化和战略的转型，确保组织能够适应外部变化并实现长期目标。

HOW- 如何打开带宽？

思维模式进化
- 随意思维
- 结构思维
- 系统思维
- 批判思维
- 创新思维

决策能力提升
- 消除偏见
- 决策金三角
- 讲道理 / 摆事实 / 靠团队
- 企业 & 领导双赢

5. 精益原则：当决策犹豫时，回到原则上

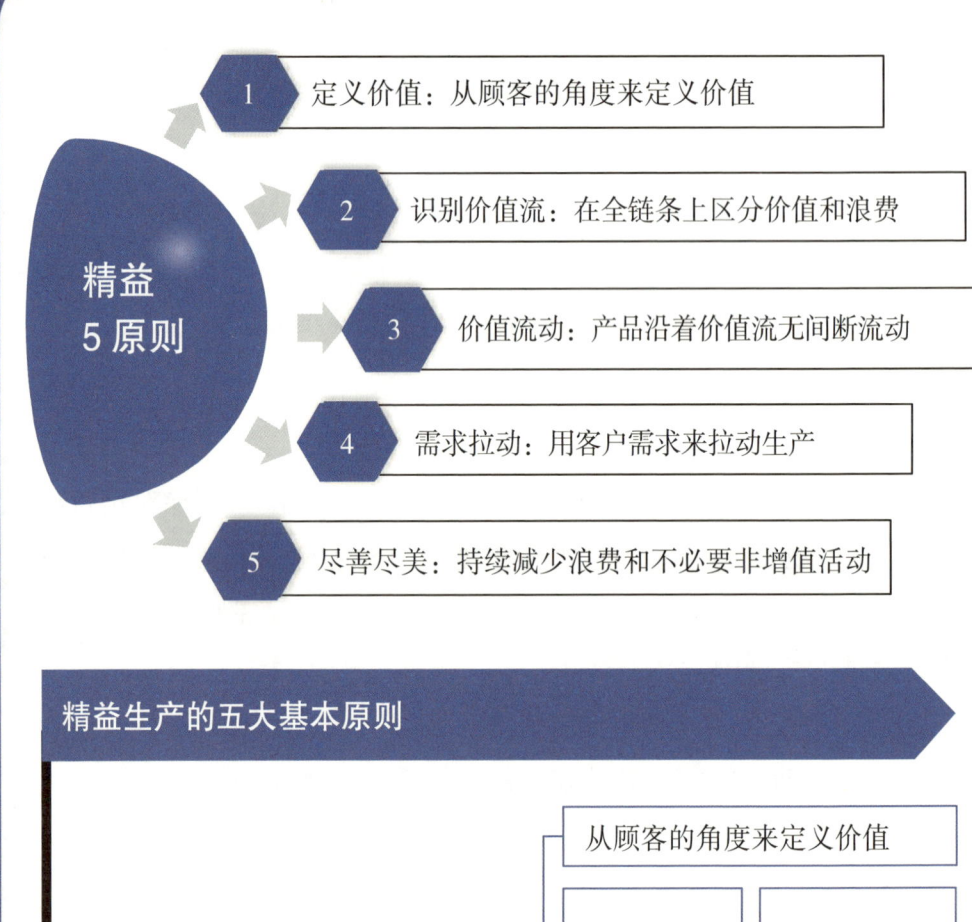

精益5原则

1. 定义价值：从顾客的角度来定义价值
2. 识别价值流：在全链条上区分价值和浪费
3. 价值流动：产品沿着价值流无间断流动
4. 需求拉动：用客户需求来拉动生产
5. 尽善尽美：持续减少浪费和不必要非增值活动

精益生产的五大基本原则

1. 定义价值 → **产品价值**
- 从顾客的角度来定义价值
- 顾客愿意付钱的是有价值的
- 顾客不愿意付钱的是无价值的
- 产品的价值由生产者创造
- 能够成就客户的卓越

效率提高的原则，隐藏在这里！

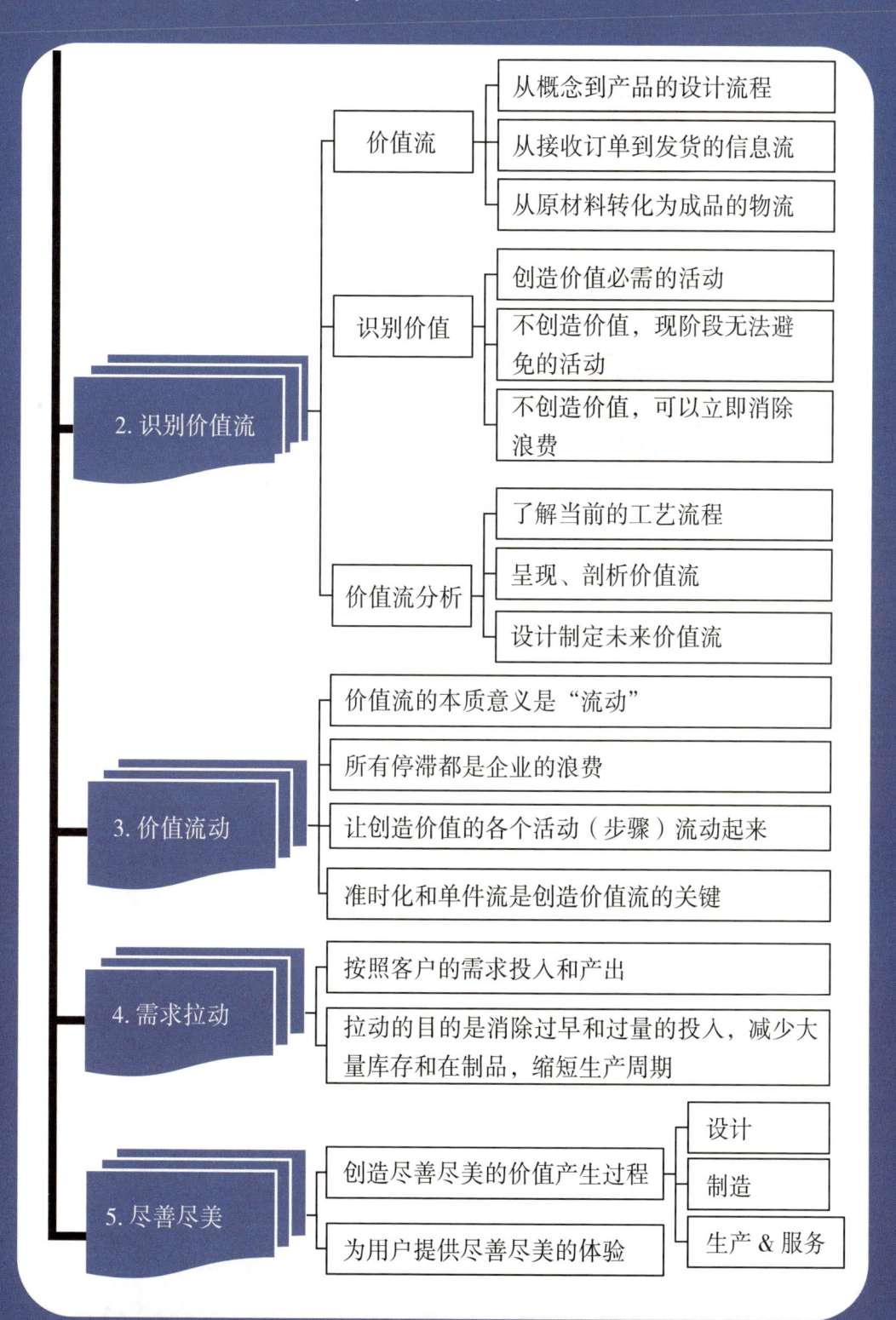

2. 识别价值流

- **价值流**
  - 从概念到产品的设计流程
  - 从接收订单到发货的信息流
  - 从原材料转化为成品的物流

- **识别价值**
  - 创造价值必需的活动
  - 不创造价值，现阶段无法避免的活动
  - 不创造价值，可以立即消除浪费

- **价值流分析**
  - 了解当前的工艺流程
  - 呈现、剖析价值流
  - 设计制定未来价值流

3. 价值流动

- 价值流的本质意义是"流动"
- 所有停滞都是企业的浪费
- 让创造价值的各个活动（步骤）流动起来
- 准时化和单件流是创造价值流的关键

4. 需求拉动

- 按照客户的需求投入和产出
- 拉动的目的是消除过早和过量的投入，减少大量库存和在制品，缩短生产周期

5. 尽善尽美

- 创造尽善尽美的价值产生过程
  - 设计
  - 制造
  - 生产 & 服务
- 为用户提供尽善尽美的体验

6. 改善小组：万里长征第一步

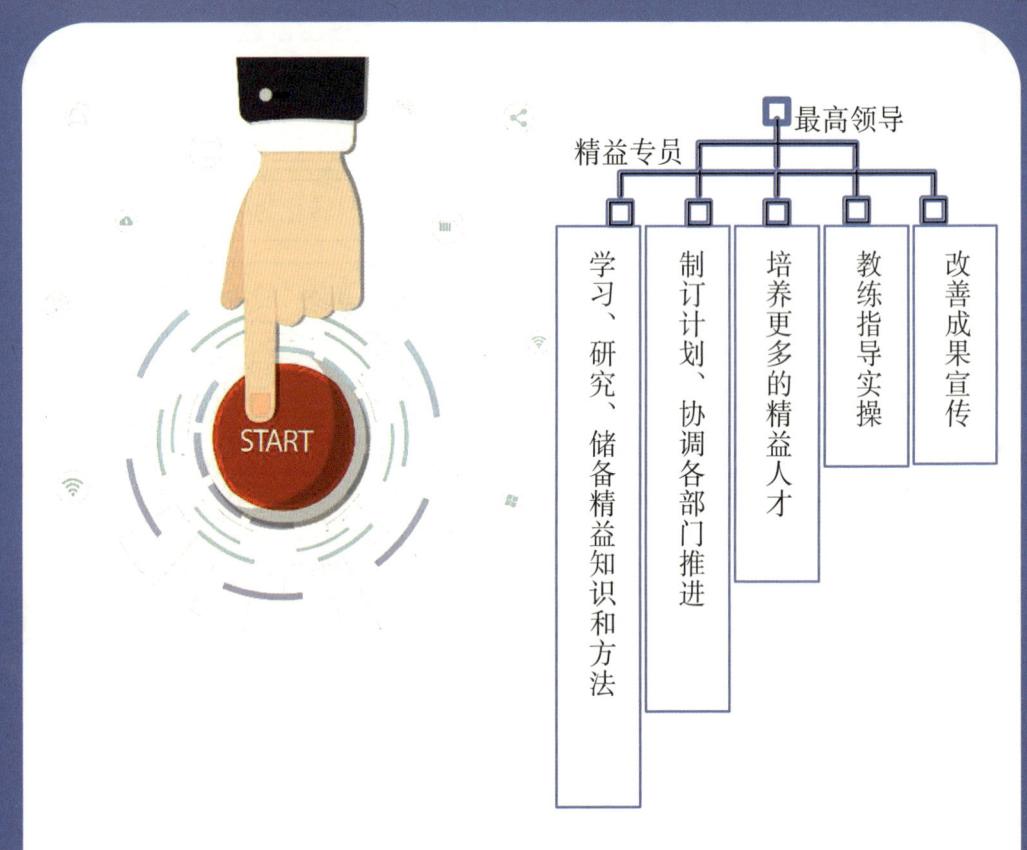

```
                    最高领导
         ┌────┬────┬────┼────┬────┐
    精益专员 │    │    │    │    │
         □    □    □    □    □
         学   制   培   教   改
         习   订   养   练   善
         、   计   更   指   成
         研   划   多   导   果
         究   、   的   实   宣
         、   协   精   操   传
         储   调   益
         备   各   人
         精   部   才
         益   门
         知   推
         识   进
         和
         方
         法
```

什么是改善小组？

　　企业需要配备专职的改善小组，由全职的精益专员组成，通常2-3人。这个小组必须直接向企业最高领导汇报，负责整个企业的效率改善活动。

改善小组的作用和目的

- 上下级沟通桥梁：为共同提高效率，需要在上级与员工之间进行持续的双向沟通，促使双方共同学习和提高。
- 搭建持续改善系统：精益专员对企业各阶层进行必要的改善能力培训。确定目标，制订计划，互动辅导，结果评估和反馈，形成改善循环系统。员工和部门负责人共同参与，通过培训与辅导、检查与反馈、总结与帮助等环节实现员工技能和绩效的不断提升。

改善小组成员，必须是关键人才！

改善小组人员具备的能力：（综合型人才）

- 具备丰富的精益知识、改善经验和解决问题的能力。
- 熟悉生产现场，熟悉管理规范，精通业务。
- 具备团队合作精神，具有良好的沟通表达、工作推动能力，能调动员工积极性。
- 敬业勤奋，积极向上，有韧劲，不被困难吓倒。具有优秀的主动服务意识。

改善小组的责、权、利：

责
- 主导改善全生命周期：制订改善计划和蓝图，收集痛点，立项，设立目标，跟进项目进展，推进项目并结案，解决遗留问题。
- 落实培训和教练工作，培育讲师教练团。
- 培育文化和生态，协助运营形成持续改善。

权
- 建议权：对最高层管理者提供建议。
- 资源调配权：人员安排、时间安排、资金安排。
- 立项和终止项目的权利。
- 奖惩权。

利
- 被尊重。
- 多条职业发展路径。
- 享受改善带来的红利。

7. 视频记录技术：记录改善的事实基础

视频记录是一种目视化的方法。通过对现状**拍摄照片和视频**记录现场的变化，展示创新的改进和成果。

记录现场状况

☐ 去现场拍摄，寻找改善机会，改善前后拍照进行对比；
☐ 对流程进行拍摄，为将来的改善和时间分析做准备；
☐ 对照片、视频文件按照时间和区域进行分类和存档。

划重点：去现场拍摄注意点

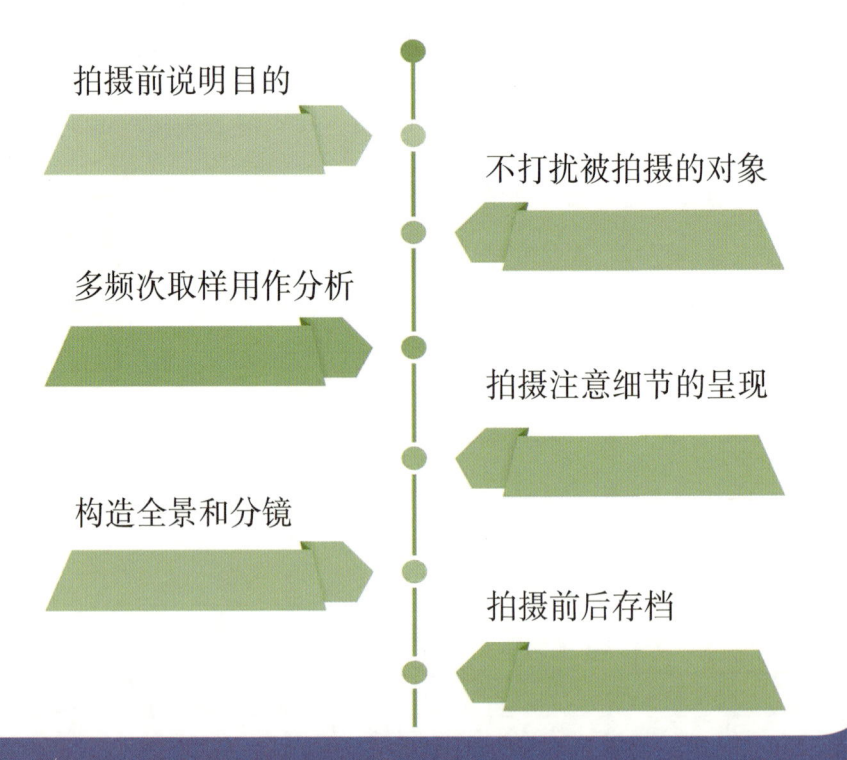

- 拍摄前说明目的
- 不打扰被拍摄的对象
- 多频次取样用作分析
- 拍摄注意细节的呈现
- 构造全景和分镜
- 拍摄前后存档

视频记录步骤

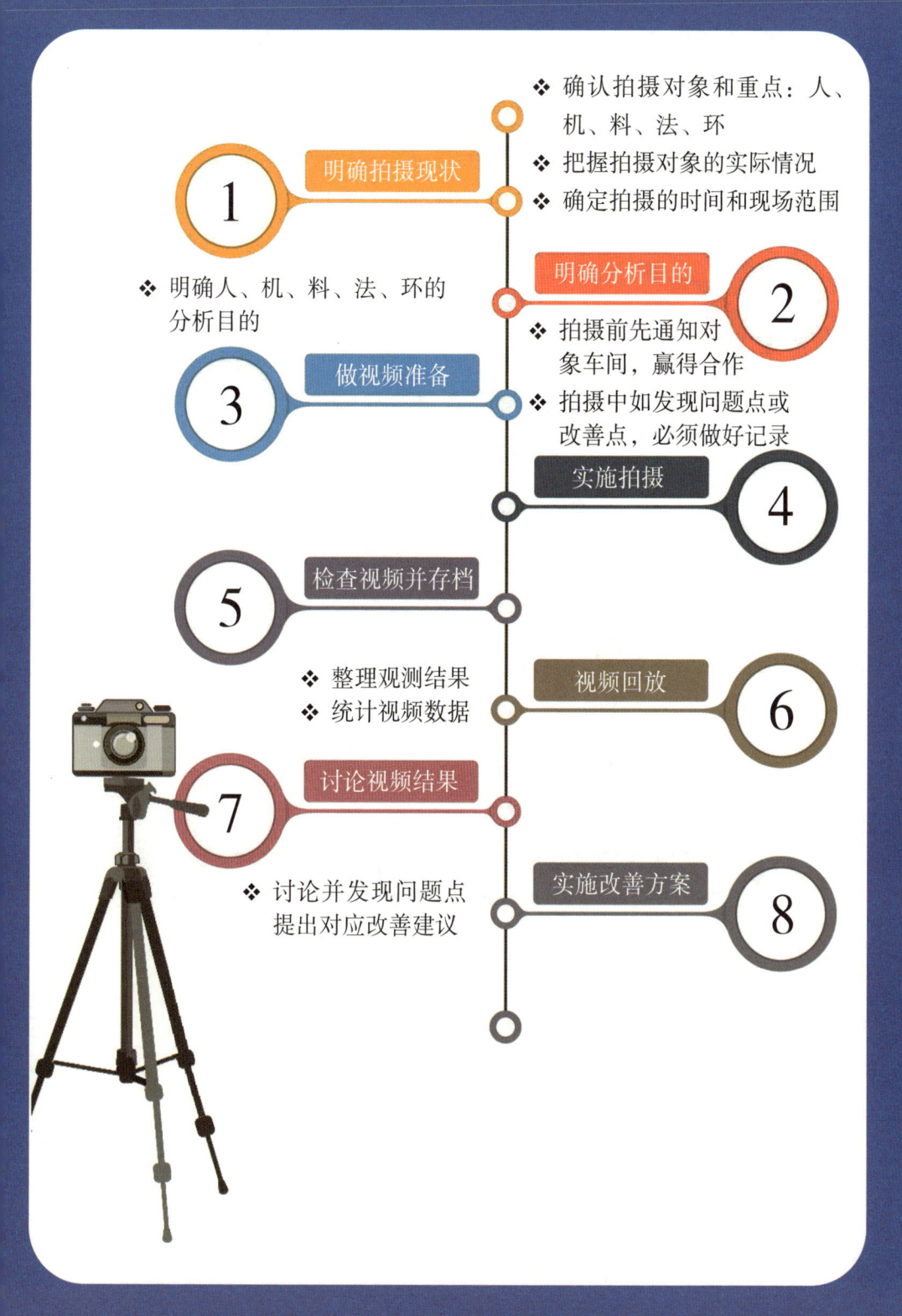

1. 明确拍摄现状
- 确认拍摄对象和重点：人、机、料、法、环
- 把握拍摄对象的实际情况
- 确定拍摄的时间和现场范围

2. 明确分析目的
- 明确人、机、料、法、环的分析目的

3. 做视频准备

4. 实施拍摄
- 拍摄前先通知对象车间，赢得合作
- 拍摄中如发现问题点或改善点，必须做好记录

5. 检查视频并存档

6. 视频回放
- 整理观测结果
- 统计视频数据

7. 讨论视频结果
- 讨论并发现问题点提出对应改善建议

8. 实施改善方案

8. 晨会：搭建基层的沟通渠道

WHAT

晨会是指利用上班前的5—10分钟时间，班组员工集合在一起，交流信息和安排工作的一种管理方式。

50% 的企业开晨会

其中 25% 是流水账会议

只有 5% 是高效晨会

高效晨会的六大特点

1	员工全体参与
2	晨会轮流主持
3	安排生产任务
4	现场反馈问题
5	鼓励民主发言
6	现场表扬奖励

一日之计在于晨

晨会的意义
- 一日之计在于晨，晨会可以使员工保持良好的精神面貌
- 事先进行工作安排，有效提高工作布置效率
- 增进和加强沟通，鼓励员工提出问题并共同解决问题
- 通过晨会传递信息，分享典范，鼓励并激励员工掌握更多技能
- 锻炼基层员工的表达和沟通能力，有利于形成独特的班组文化

晨会的内容

晨会开始前，可以通过考勤记录来了解班组员工的情绪

- 30% 传达生产指令和目标
  - 明确告知短期计划
  - 明确班组质量目标
  - 突出重点，有追踪记录
  - 明确员工有接收信息

- 50% 工作指导及分享
  - 作业规范说明
  - 标准化工作
  - 安全生产
  - 品质异常案例分享
  - 效率总结

- 20% 鼓舞士气和激励表扬

9. 复盘：把经验转化为能力

什么是复盘？

复盘是对人或组织做过的事情进行系统性回顾，总结经验教训。简单说就是一件事做完之后再把它梳理一遍，过程中重在总结规律，吸取经验教训，最后内化成自己的能力。

划重点：
复盘成功的四个关键因素

领导重视
复盘方法的长期使用需要领导者高度重视和推动：
- 领导以身作则是让复盘真正落地的重要条件
- 领导积极参与，并主动引导复盘会议
- 复盘的方式多种多样，关键是要有复盘意识

专人负责
复盘最好由项目负责人专门负责：
- 复盘不是占用负责人的时间和精力，它是企业增效最好的手段
- 负责人越重视复盘，效果就越明显

日积月累
复盘的内在价值在于日积月累：
- 复盘先从事件层面或简单活动开始
- 熟悉方法，具备引导经验后再开始重要项目复盘

融入工作
复盘是工作的一部分，而不是走形式过场：
- 通过复盘进行经验的分享和知识的传递
- 通过复盘，把好的经验转化为个人能力
- 复盘有助于提高后续行动的成功率

一天一省，才能每天进步一点点

复盘关键点
- 营造环境
- 关注过程
- 促进参与
- 保持中立

复盘内容
- 计划的执行情况
- 资源配备到位情况
- 团队精神面貌
- 障碍清除状态
- 是否需要调整计划

复盘方式
个人、小组、团队、企业

复盘频率
日、周、月、季、年

复盘

项目复盘的五个步骤

第一步：回顾目标和期望

把大家的思路统一到一个方向上，那就是目标和期望。

第二步：评估结果

回顾实际发生了什么，只有建立对目标与事实的共识，大家才能深入探讨成败原因和利弊得失。

第三步：分析原因

发现差异存在，并找出发生差异的原因，然后综合判断这些原因，总结出最重要的一个原因或者根本原因。

第四步：总结规律

复盘的目的在于从行动中学到经验教训，并将经验转化为能力，用来做后续的改进。因此，确定导致失败的原因，找出解决方案，是复盘过程的重要步骤。

第五步：反思模式

如果重新行动一次，方法和之前有什么不同？

第二章：改善基础

改善的目标是消除浪费。要消除浪费，必须从识别浪费开始。而识别浪费，必须对 6S 管理和浪费有一个清晰而又深刻的理解，这是一切改善的基础。而基础的东西，看似简单，实则作用巨大。

6S 管理易学好操作

企业大小和改善基础好坏都不会影响 6S 管理的效果，6S 简单易学，一学就会。

6S 管理见效非常快

企业的生产现场容易出现脏、乱、差等现象，6S 管理可以从本质上帮助企业解决这些问题并最终提高员工的综合素质。

6S 管理提高生产效率

6S 管理是进行其他管理的基础，能暴露问题，提高生产效率。

九大浪费是改善的统一沟通语言

识别并消除浪费是改善管理的精髓所在。

6S 管理和消除浪费的本质是企业改善文化的一个方面，强调纪律性，不怕困难，想到做到，做到做好。

本章重点介绍 6S 管理和浪费种类以及识别浪费的方法。

10. 整理（1S）：留或不留，是个大问题

何谓整理？

整理的定义是扔掉无用之物，是获得空间的最有效工具。

整理的对象：空间

必要的
≫
保留

不必要的
≫
丢弃

> 丢弃不会让人觉得"可惜"，因为只有丢弃了"废品"，"有价值的物品"才会出现。

为什么要整理？

01 腾出空间
整理过后，一般都会腾出20%~60%的空间

02 防止错误
没有整理的环境容易错拿、误用、误送

03 舒适环境
整理之后，现场只有必要的物品，清爽干净

要想断舍离，先学会整理

如何进行整理？

01 指定整理的标准
- 按照使用频率来区分
- 按物品的特性来区分

02 拟定物品清单
物品数量、摆放区域 & 负责人、物品状态和使用频率

03 定点摄影
- 目的：前后对比
- 同一位置、高度 & 方向比较

04 物品分类
- 不能使用的物品
- 不打算使用的物品
- 打算将来使用的物品

05 改善成果对比
- 便于其他区域借鉴学习
- 鼓励大家共同改善

划重点：

整理的关键词

- 范围
  - 看得见
  - 看不见
- 区别
  - 不用 —— 一年内一次都没使用
  - 不常用 —— 一个季度使用一次
  - 常用 —— 一个月使用一次 / 一周使用一次以上
- 清除

> "舍弃同时也是与'暂且'的斗争。比起不知何时才会用到的东西，重视当下绝对更有意义。"
> ——《佐藤可士和的超整理术》

11. 整顿（2S）：把东西放好的技巧

何谓整顿？

整顿是把必要的东西放在规定的地方，并能很快取出，规定放置区并明确标示。

整顿的目的：时间

> 不进行整顿的话必然需要花功夫寻找。寻找不仅浪费时间、令人烦躁，还可能会导致操作中断或造成不良的后果。

为什么整顿是必要的？

不整顿的后果
- 找不到物品或工具
- 物品容易拿错
- 操作中断，延迟交货
- 急躁、不安

整顿后的结果
- 缩短寻找工具的时间
- 一目了然，便于拿放
- 有效的时间做更有价值的事

最快的时间内拿到东西

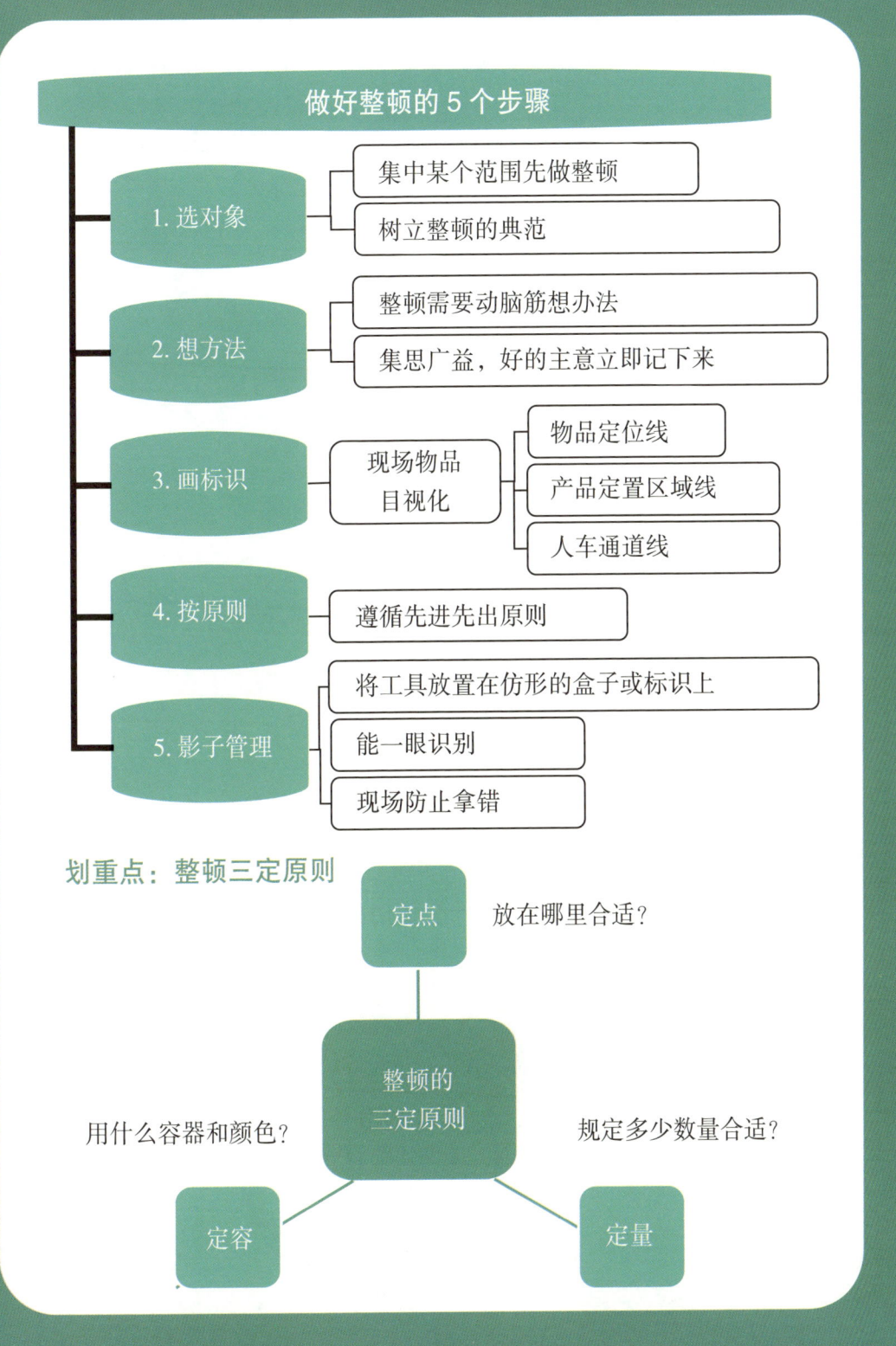

做好整顿的5个步骤

1. 选对象
- 集中某个范围先做整顿
- 树立整顿的典范

2. 想方法
- 整顿需要动脑筋想办法
- 集思广益，好的主意立即记下来

3. 画标识 — 现场物品目视化
- 物品定位线
- 产品定置区域线
- 人车通道线

4. 按原则
- 遵循先进先出原则

5. 影子管理
- 将工具放置在仿形的盒子或标识上
- 能一眼识别
- 现场防止拿错

划重点：整顿三定原则

整顿的三定原则：
- 定点：放在哪里合适？
- 定容：用什么容器和颜色？
- 定量：规定多少数量合适？

12. 清扫（3S）：消除污染源头

何谓清扫？

清扫是将活动范围彻底扫除干净，逐一检查，找出问题发生的源头。

清扫的对象：工作场所的"脏、乱、差、污"

清扫的关键点：

01 全面
清扫要彻底：看见的看不见的地方都需要清扫

02 深挖
清扫过程中，要重视重复发生的问题，多问几个为什么

03 清除
清扫不是搞卫生，是从根本上扫除现场的"脏、乱、差、污"

为什么要清扫？

提高产品质量
要想为客户提供高质量的产品，需要干净的制造环境

心情舒畅
员工的工作环境好，才能让他们更愿意在现场工作，这是公司人性化的体现

防患于未然
消除污染源头才能防患

一屋不扫，何以扫天下？

如何做好清扫？

一、责任区域划分
以工厂布局图的形式划分，明确责任人和负责区域。

二、全员清扫活动
每个人都有各自的工作区域，并在日常中产生垃圾或造成污染，因此，所有人都要参与清扫活动，并且要自己动手清扫，以便在清扫的过程中发现问题。

三、识别清扫中的问题点
清扫中发现的问题要进行统计和汇总，并且要提出有针对性的解决方案，要让清扫工作越来越轻松。

发现一些重复出现的问题，要多问几个为什么，找到问题的"污染源"，这才是清扫的根本目标。

四、改善前后对比
任何改善做完都需要小结（小结绝对不是单纯的打分），是要总结好的地方，暴露不足之处，并把改善前后做对比，员工能看到清扫的效果，并乐于展示自己。

五、分享和培训
分享好的改善案例，一方面是对员工的肯定和激励；另一方面是激励影响其他员工，让他们得以参照和学习。

培训更多的是总结活动的经验教训，使下一次清扫活动做得更好。

13. 清洁（4S）：建立制度，保持成果

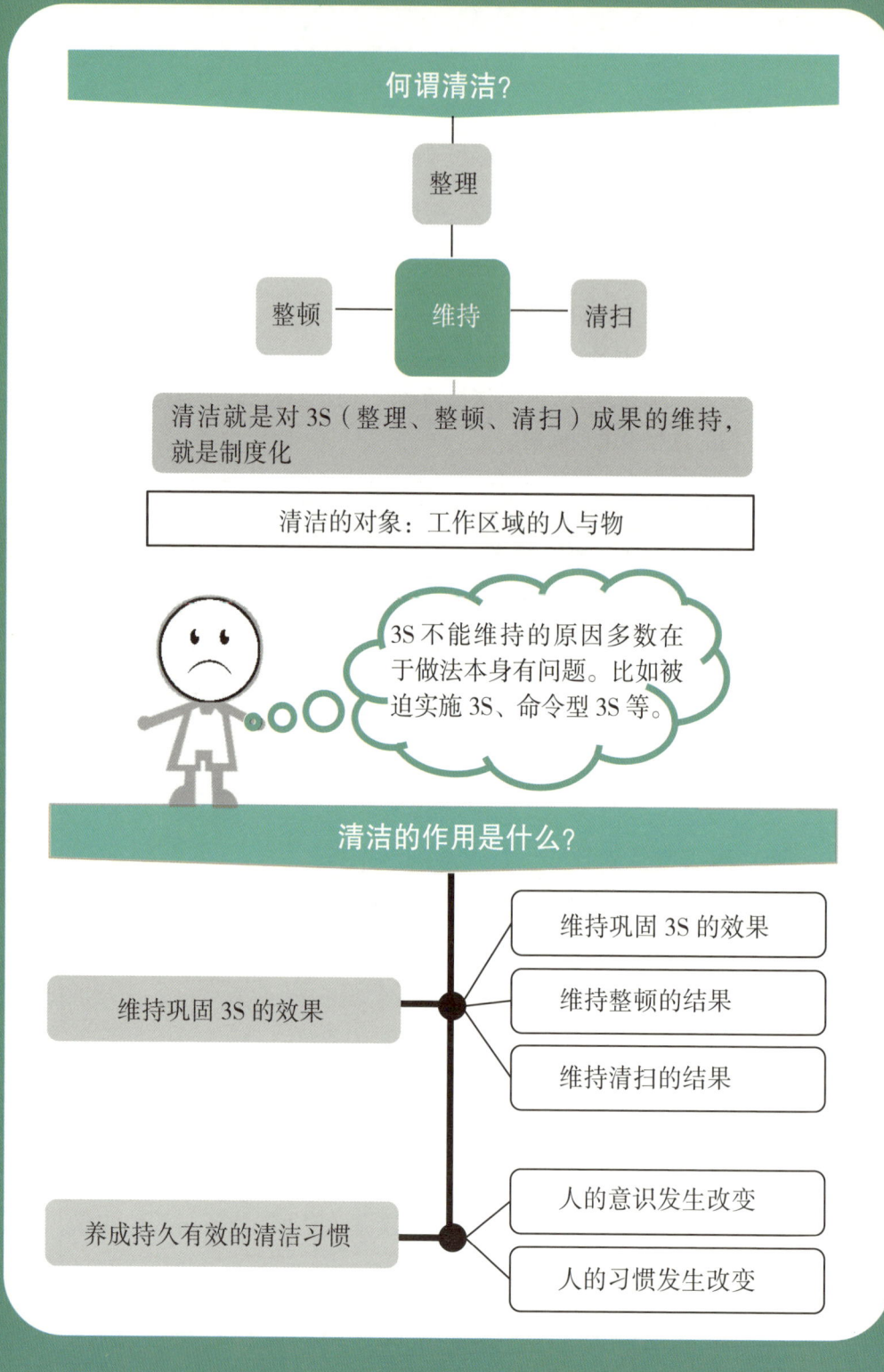

何谓清洁？

```
        整理
         |
整顿 —— 维持 —— 清扫
```

清洁就是对3S（整理、整顿、清扫）成果的维持，就是制度化

清洁的对象：工作区域的人与物

> 3S不能维持的原因多数在于做法本身有问题。比如被迫实施3S、命令型3S等。

清洁的作用是什么？

- 维持巩固3S的效果
  - 维持巩固3S的效果
  - 维持整顿的结果
  - 维持清扫的结果

- 养成持久有效的清洁习惯
  - 人的意识发生改变
  - 人的习惯发生改变

按章操作，依规行事

如何做好清洁？

一、制定程序文件

从公司制度层面把 6S 做好，明确 6S 推行的架构和成员，明确权、责、利之间的关系。

二、明确执行标准

要让 3S 的成果持续保持，就要形成标准文件，便于大家执行。标准要可视直观，便于员工理解和执行。

三、定期自检和巡检

在没有形成素养前，定期检查很重要，因为大多企业往往处于领导关注什么，员工才会做什么的状态。

企业分三级检查，并将检查结果目视化：
第一级：工位员工自检。
第二级：班长或主管每班巡检。
第三级：公司领导层每周检查。

四、形成闭环

每个步骤都为下一个步骤提供反馈，形成一个闭环，确保安全、质量和生产力的持续改进。

14. 素养（5S）：有了习惯，才能形成素养

何谓素养？

素养，是通过整理、整顿、清扫和清洁不断重复和积累，逐渐形成的良好个人习惯。
需要形成素养的对象：全体员工

形成素养的关键点

执行
前4S统一的行动和认识

习惯
执行后，行为和意识有改变

素养的作用是什么？

遵守规章制度	培养素质人才	塑造团队精神
·实现最基本的执行	·工作更积极主动 ·富有团队合作精神 ·具有挑战困难的决心	·员工素质发生变化 ·带来团队积极变化 ·整个组织越来越强

成为高素质个体和团队

如何形成素养？

一、培训和指导

培训具有一定的规范和引导作用，企业既要注重行为规范培训，也要注重言传身教，大多数情况下老板是怎么待人的，如何做事的，会深刻影响这个企业的经营风格和形象。

二、共同制定规则，共同遵守

对基本制度，大家都能统一认识和遵守行动。标准的制定过程是统一认识的过程，标准的执行就是统一行动的过程。

三、规定统一的服饰或标识识别系统

从视觉方面强化一致性，看起来规范、统一。比如一个企业工作服统一，不但能让外界觉得管理规范，也能让内部人员觉得任何行动都应有组织有纪律，这其实也是在传递一种文化。

四、开展丰富多彩的文体活动

对企业而言，光讲效率是不够的，文体活动也是需要的，一方面是展示个人的魅力，人总是希望能施展自己的才华，这是对员工工作外的有效激励；另一方面，活动也是团队的润滑剂，通过一些文体活动，员工可以彼此交流，相互了解，就会减少一些工作中的小摩擦。

五、持续改善

巡检发现问题要有跟踪和反馈，以保证整改效果。每月评选优秀区域，颁发流动红旗，形成持续改善的企业文化。

15. 安全（6S）：现场管理的首要任务

海因里希法则 1∶29∶300

美国人海因里希（H.W.Heinrich）对未遂事故进行过较为深入的研究，他在调查了5000多起伤害事故后发现，在330起类似的事故中，300起事故没有造成伤害，29起造成轻微伤害，1起造成了人员严重伤害。即严重伤害、轻微伤害和没有伤害的事故件数之比为1∶29∶300，这就是著名的海因里希法则。

海因里希法则背后含义：

事故的逐步演变：重大的伤亡事故常常是由较小的事故或"差点发生"的事件累积而成的。如果没有对轻微的事故进行妥善处理和预防，这些小事故可能会逐步发展成严重的伤害。

预防的重要性：通过改善工作环境、加强安全培训、改进工作流程等手段，尽早识别和处理轻微事故。

警示作用：300起未导致伤害的接近事故实际上是潜在的警告信号，提醒我们必须采取行动，防止这些事件转化成轻微事故。

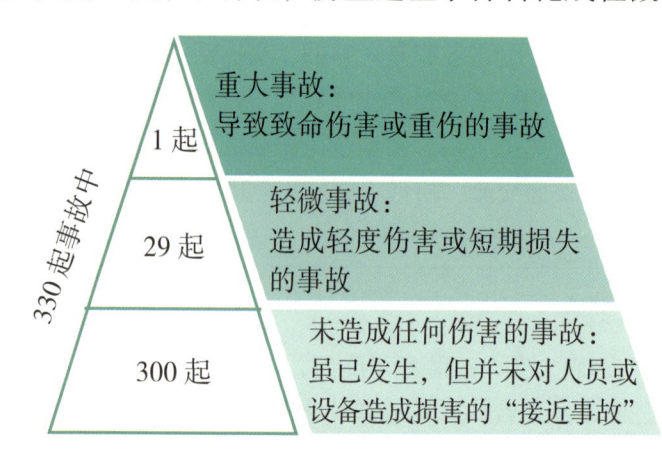

330起事故中：
- 1起 —— **重大事故**：导致致命伤害或重伤的事故
- 29起 —— **轻微事故**：造成轻度伤害或短期损失的事故
- 300起 —— **未造成任何伤害的事故**：虽已发生，但并未对人员或设备造成损害的"接近事故"

安全，是方寸之间的丝丝入扣

如何进行安全管理？

1 建立属地管理机制
- 成立专职实施小组
- 划分属地区域
- 明确责任、权限以及管理范围

2 落实安全生产责任制
- 按时召开安全生产例会
- 企业领导亲自部署安全工作
- 签订安全生产责任状，落实奖惩制度

3 进行安全生产教育培训
- 开展安全生产宣传教育工作
- 记录"安全月"活动情况

4 增加安全标识警示
- 安全标识牌
- 安全警示牌

5 加强安全检查整改
- 检查安全事故处理执行情况
- 检查对隐患处置、整改和复查的执行情况

16. 6S 的推广：避免形式主义的方法论

6S 的推广误区：
- ◆ 没有理解其中的深意：就是大扫除
- ◆ 形式主义：做给客户和访客看的
- ◆ 虎头蛇尾：开始轰轰烈烈，结尾偃旗息鼓
- ◆ 没有正确系统的推进方法：东一榔头西一棒槌

如何深刻理解 6S？
- ✓ 6S 是每个员工都应该了解的基本常识
- ✓ 6S 有一套科学的方法体系
- ✓ 6S 是企业经营的基础
- ✓ 在实践中积累经验，掌握体系
- ✓ 内化

6S 的概念不难理解。从孩童起，无论在家还是学校，"整理、整顿"都被反复强调，而"清扫"更是日常生活中不可缺少的，任何人都做过。但我们发现，6S 做一次可以，持续地做下去却很难，为什么坚持不下去？这是大多企业共同遇到的难题。其实，如果做法得当，6S 是可以持续下去的，但要遵循以下三点原则：

1. 正确理解 6S
2. 导入正确的推进方法
3. 积极享受改善成果

认识到位是前提，全员参与是根本

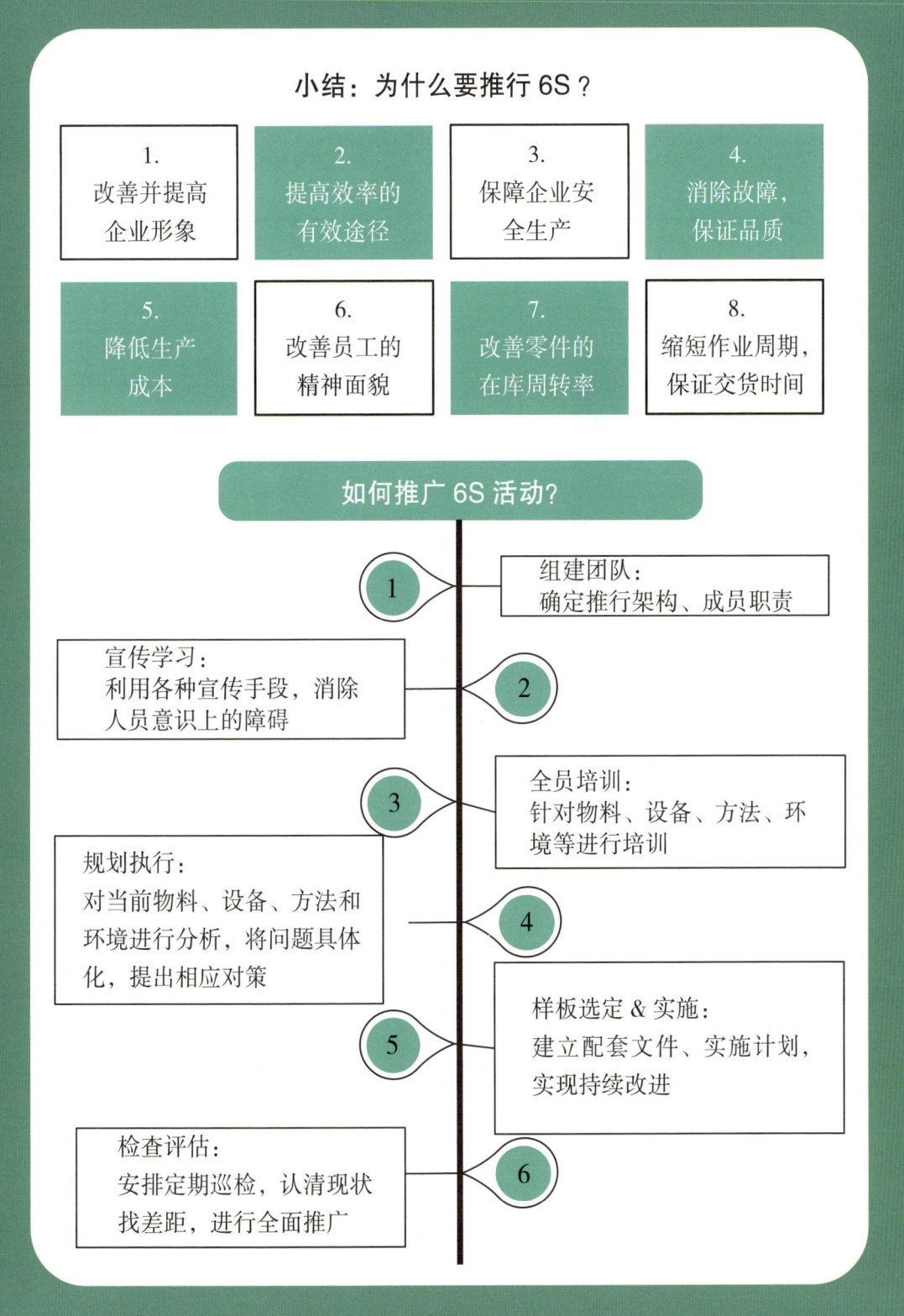

小结：为什么要推行6S？

1. 改善并提高企业形象	2. 提高效率的有效途径	3. 保障企业安全生产	4. 消除故障，保证品质
5. 降低生产成本	6. 改善员工的精神面貌	7. 改善零件的在库周转率	8. 缩短作业周期，保证交货时间

如何推广6S活动？

1 组建团队：确定推行架构、成员职责

2 宣传学习：利用各种宣传手段，消除人员意识上的障碍

3 全员培训：针对物料、设备、方法、环境等进行培训

4 规划执行：对当前物料、设备、方法和环境进行分析，将问题具体化，提出相应对策

5 样板选定 & 实施：建立配套文件、实施计划，实现持续改进

6 检查评估：安排定期巡检，认清现状找差距，进行全面推广

17. 浪费：先识别，再消除

什么是浪费？

浪费是指一切不为客户创造价值的活动，不能提高产品附加价值的部分。

减少浪费　　　创造价值

九大浪费具体指什么？

搬运浪费

搬运是必要的，由于工厂布局和生产线配置不当，一些必要距离以外的搬运，比如临时堆积和码放，或多余和空闲设备的搬运，这些都会增加成本，我们需要做的就是帮助作业人员最短化设计路线，省力搬运，从而使搬运消耗的能量最小化。

库存浪费

指在生产、供应链管理或销售过程中，因过量、过期、管理不当等原因导致的库存积压或浪费。这种浪费不仅涉及商品本身的损失，还会在企业的财务、时间、空间等资源方面造成负担。

动作浪费

在生产过程中，人和设备的动作中只要不产生附加价值，都可称为动作的浪费。例如伸背弯腰频繁转身，这些不合理的动作造成了时间和体力上的不必要消耗。

浪费无处不在，关键是否有慧眼

等待浪费

通常指工序之间因作业不平衡而导致的人员操作或设备停滞的现象。人等物料，机器等物料，机器等人，人等人都是常见的等待浪费。

不良品浪费

生产出的不合格产品引起的产品检验、报废或返修活动中造成的材料、机器和人工等浪费。

如果不合格产品流向市场，会引起顾客投诉和产品召回等更大的损失。

过度加工的浪费

指的是在生产过程中，对产品进行超出实际需求的加工或处理，过度的加工增加了时间、能耗和成本，浪费了不必要的工序，增加了工作复杂度和人力成本。

过量生产的浪费

指的是生产超过客户需求或超出生产计划所需的数量。换句话说，就是在不需要的情况下生产多余的产品。

员工智慧的浪费

员工除了用双手劳动，还可以用大脑思考。如果没有妥善运用员工的智慧，是非常大的浪费。如果能充分发挥所有员工的智慧，就更容易实现全员改善、持续改善。

负能量引发的浪费

负面情绪会导致员工消极怠工、抱怨、工作懒散，这对团队管理、生产秩序、产品质量等都会产生不可预估的影响，引发浪费。

18. 3U Meno 法：从三个"不"再看一眼

Unthrifty 不经济
Unbalanced 不均衡
Unreasonable 不合理

什么是 3U Meno 法？
3U Meno 法是指发现存在于现场的 3U 因素，即不合理、不均衡及不经济的因素，使其显现出来并加以改善的工作方法。

3U Memo 法的目的：
观察工作现场，形成洞察力，建立改善备忘录

3U Memo 优先关注的地方：
- 人多的地方
- 库存多的地方
- 人机配合的地方
- 闲置的地方

3U Memo 法的作用方法：

☐ 发现问题（不合理、不均衡、不经济）时就做记录

☐ 即使没有改善方案也要养成记录的习惯

☐ 有答案时将结果填入表格里

改善备忘录

3U MEMO 模板

（1）编号：
按照管理人员的个人习惯和企业的生产习惯编订文件的号码

（2）地点：发生问题点的地方

（3）姓名：发现人和主管名字

（4）作业内容：观察特定的运作流程

（5）要点：

（6）名称：

（7）圈出 3U 中的对应项：
☐ 不合理
☐ 不均衡
☐ 不经济

（8）时间：

（9）问题描述点：
按照 5W1H 的内容，具体描述问题点

（10）画出问题解决思路图：

（11）解决方案的具体时间：

（12）改善方案的实施内容：

（13）根据改善方案画出简易模型：

（14）提炼改善要点：

（15）改善成果：

（16）金额：

（17）关联性：
填写部门和改善方案关联性

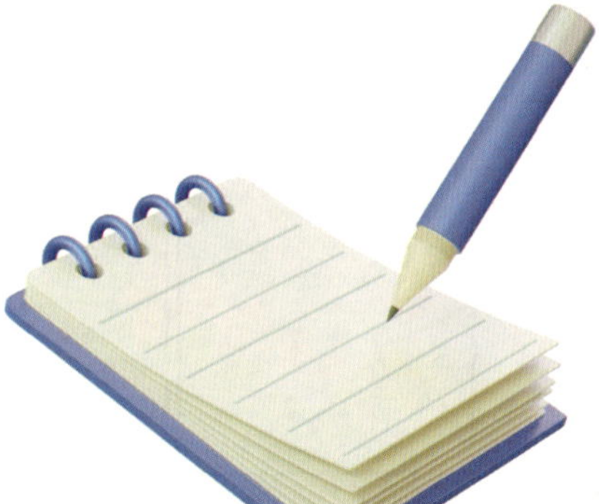

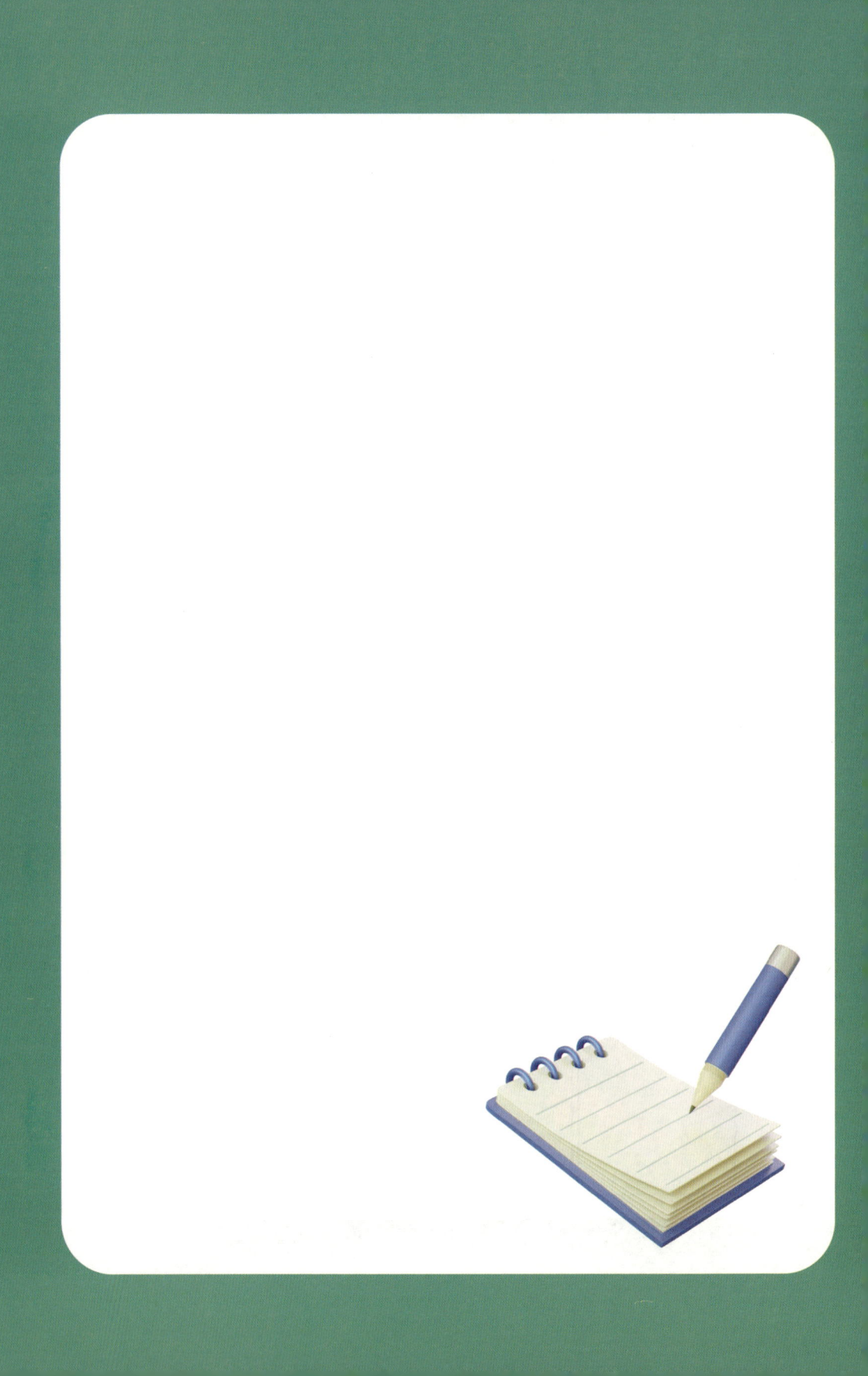

第三章：现场管理

改善不是发生在会议室里，也不是发生在 PPT 中，而是发生在现场。

现场是需要管理的对象，是观察所有问题的最佳场所，也是进行改善的最佳战场。

现场需要科学的管理

现场包含了生产管理所涵盖的所有要素：人、机、料、法、环。对生产要素进行科学的管理可以有效提升企业管理的整体水平。

现场是最靠近问题的地方

对现场进行仔细的观察可以发现问题，暴露细节，找到各种改善的机会。

现场有着丰富的信息，解决方案就在现场

同样在现场，不同的人看到的深度和广度会很不一样。认真观察现场，往往会发现，答案就在现场。

常见的现场管理手法

实行现场管理，第一件事就是要去现场，开展"Gemba"活动。到了现场，用"大野耐一圈"进行观察。

现场的管理要有目共睹，"目视化管理"马上提升段位。"纸卡系统"让现场永远保持在高水平状态。

现场物流的管理非"看板"莫属。

现场人员的管理也非常重要，通过"现场教导"提升操作员的技能，通过"3C"发现所有可能存在的问题，通过"合理化建议"发挥全体员工的智慧，通过"改善日"来呈现和分享改善。

19. GEMBA：讲现场，就是真的跑到现场去

> GEMBA 在日语中是"现场"的意思，是事情真正发生的地方，也是发现问题、解决问题的最佳场所。

精益生产的"三现主义"
- 现场
- 现物
- 现实

为什么如此强调现场？

- ✓ 现场是所有细节信息的载体
- ✓ 现场是学习实践的最佳场所
- ✓ 现场是决策的依据
- ✓ 改善要有针对性

为什么说 GEMBA 是领导者一个很好的工具？

- ✓ 鼓舞士气
- ✓ 帮助员工识别浪费
- ✓ 更好捕获实时的绩效，发现问题
- ✓ 鼓励每个人快速地从根源解决问题

去现场、去发现、去思考、去解决！

GEMBA 的 5 条黄金定律

1. 问题出现时，先去现场，不要在电话里做出诊断结论
2. 检查现场，眼见为实
3. 在现场采取必要的临时措施
4. 后续寻找问题的根本原因
5. 流程标准化避免问题复发

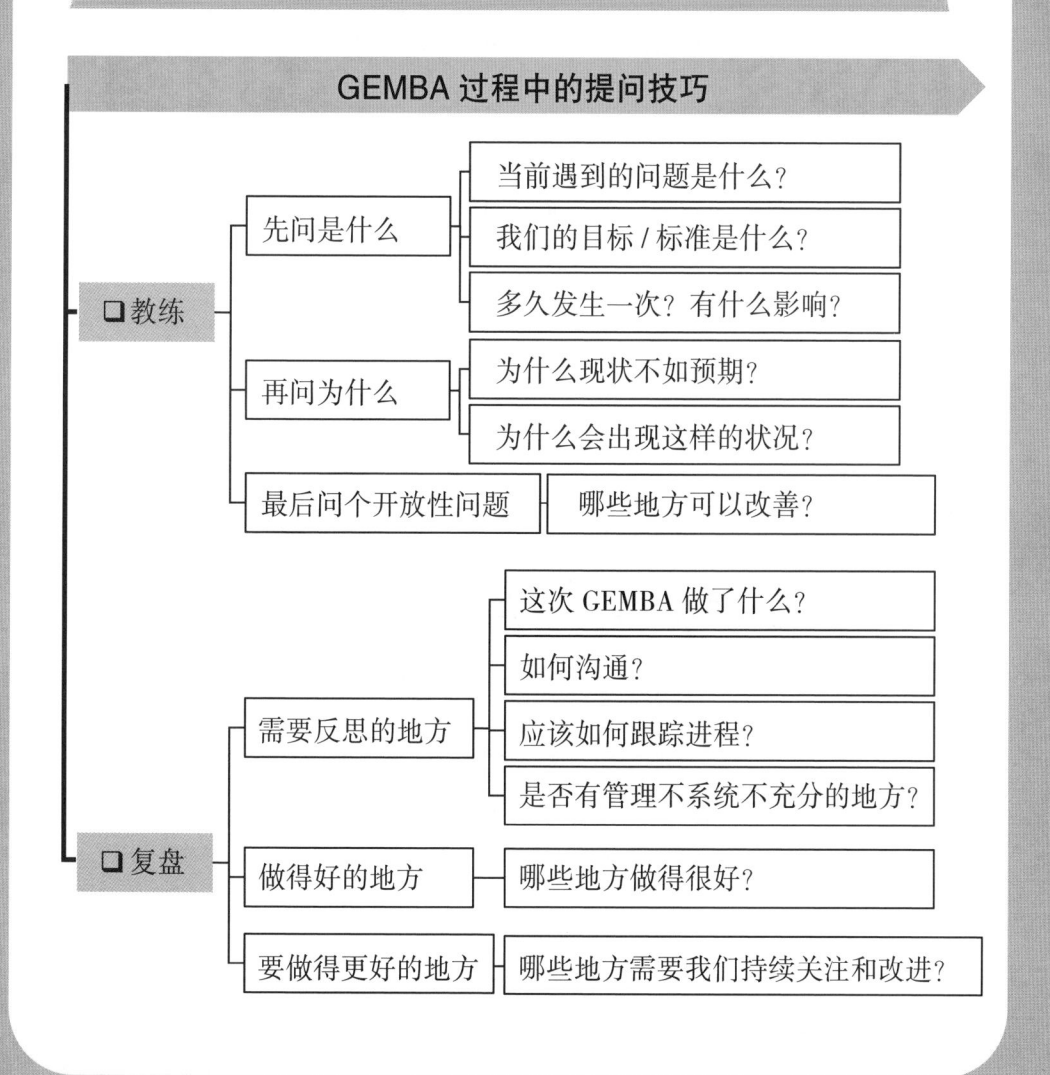

GEMBA 过程中的提问技巧

- ☐ 教练
  - 先问是什么
    - 当前遇到的问题是什么？
    - 我们的目标/标准是什么？
    - 多久发生一次？有什么影响？
  - 再问为什么
    - 为什么现状不如预期？
    - 为什么会出现这样的状况？
  - 最后问个开放性问题
    - 哪些地方可以改善？

- ☐ 复盘
  - 需要反思的地方
    - 这次 GEMBA 做了什么？
    - 如何沟通？
    - 应该如何跟踪进程？
    - 是否有管理不系统不充分的地方？
  - 做得好的地方
    - 哪些地方做得很好？
  - 要做得更好的地方
    - 哪些地方需要我们持续关注和改进？

20. 大野耐一圈：在现场看什么？

我为何在现场发现不了问题？

大野耐一先生在担任丰田汽车公司副社长期间，有一天走进生产线，在地上画了一个圆圈，要求工程师站在圈内观察作业流程并思考，这一站就是8小时。晚餐时刻，大野耐一回来了问他看到了什么，工程师回答道："流程中有太多问题……"大野耐一圈是训练员工识别某个生产区域存在问题的能力的方法，促使观察者成为思考问题及解决方案的人。

自问：
- 现场发现了什么问题？
- 当前的标准是什么？
- 问题背后的真正原因是什么？
- 应该如何解决？
- 如何防止问题再发生？

横向观察流程、物料和信息的流向和断点

- 观察工作站与工作站之间断裂处是否有等待时间、库存数量、中转搬运等浪费
- 观察产品的流向是单一的还是多向迂回的，是否有返工现象
- 观察现场的布局和人机料的相关位置是否合理
- 观察员工在操作过程中是否有忙闲不均的现象
- 观察生产现场的6S和周围环境的影响

画个圈圈好好看

纵向观察特定作业
- 观察操作人员的工作流程/步骤是否按照标准作业在操作
- 观察人员、机器设备、工具所摆放的位置是否合理
- 观察操作人员与设备的作业特征有无循环规律
- 观察操作过程中是否有外来作业/非循环作业影响
- 观察生产现场的物料和产品的在手数量,以及流进流出的方式方法

大野耐一圈的应用:30/30/30/1 原则

→ 准备一张纸,纸上画有 30 或更多行,一支笔

→ 到现场找一个合适的地方

→ 站在那里观察 30 分钟

→ 发现 30 个浪费或需要改进的地方并记录下来
- 看到了什么
- 对这个流程有什么看法
- 问题在哪里
- 真正原因是什么
- 有何改善
- 如有不清楚,可以询问员工

→ 在接下来的 30 分钟内解决 1 个发现的问题

→ 剩下需要改善的地方可以在以后工作中实施
- 标记哪些马上解决,哪些需要分配

→ 建立跟踪系统,针对问题标记开始时间、计划时间和对应负责人,用不同颜色标记任务完成情况

21. 目视化：提升现场，从一目了然开始

问题如何才能主动暴露出来？

目视化管理 是利用形象直观而又色彩适宜的各种视觉感知信息来组织现场生产活动，达到提高劳动生产率的一种管理手段，也是一种利用视觉来进行管理的科学方法，还是通过视觉采集信息后，进行简单判断直接产生"对"和"错"结论的管理方法。

目视化管理的三要素

目视化指示：是指在工作现场通过标志、颜色、图形、灯光等视觉信号展示关键信息，帮助员工快速理解生产状况、工作任务和注意事项。这些指示可以用来表示工作进度、设备状态、质量标准、安全信息等。

目视化反馈：是指通过展示实时数据和信息，让员工和管理者能够迅速获得信息，以便对生产活动进行调整和改进。这种反馈通常是即时的，并通过图表、显示器、看板等方式呈现。

目视化标准：是指通过明确的视觉信号和标准化操作来规范工作流程，确保生产活动按统一标准进行，减少偏差，确保一致性和高效性。

通过使用简单直观的视觉工具来优化工作现场的管理，提升生产效率、质量控制和安全性。目视化管理方式能够让所有参与者迅速了解生产状态、作业要求及问题，从而更加高效、透明地完成工作。

从零开始实现目视化管理

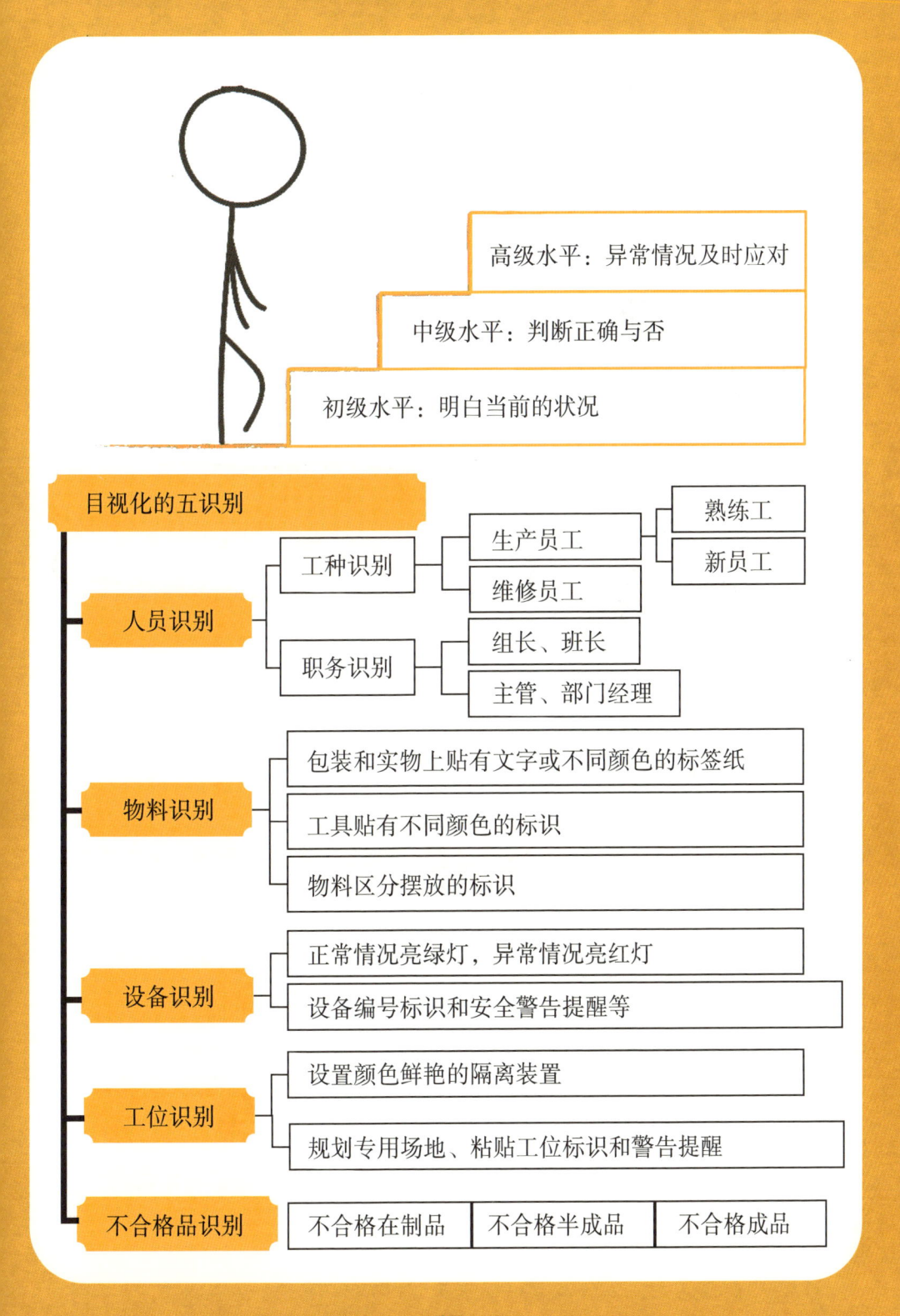

- 高级水平：异常情况及时应对
- 中级水平：判断正确与否
- 初级水平：明白当前的状况

目视化的五识别

- 人员识别
  - 工种识别
    - 生产员工
      - 熟练工
      - 新员工
    - 维修员工
  - 职务识别
    - 组长、班长
    - 主管、部门经理
- 物料识别
  - 包装和实物上贴有文字或不同颜色的标签纸
  - 工具贴有不同颜色的标识
  - 物料区分摆放的标识
- 设备识别
  - 正常情况亮绿灯，异常情况亮红灯
  - 设备编号标识和安全警告提醒等
- 工位识别
  - 设置颜色鲜艳的隔离装置
  - 规划专用场地、粘贴工位标识和警告提醒
- 不合格品识别
  - 不合格在制品
  - 不合格半成品
  - 不合格成品

22. 纸卡系统：随时都能接受检查

> 上个月顾问走了，工厂里又恢复原来的样子，如何才能让改善持续进行下去？

> 用纸卡系统来审计流程！

纸卡系统 可用于对现场管理和改善活动进行审计。管理者按照纸卡上的提示内容和标准随机审计流程。一旦出现背离标准的情况，就需要及时采取改善措施。

管理者使用纸卡系统的两个要点

要点1：建立统一标准

纸卡系统由管理者（线长/主管/经理/总监）进行定期审核以建立标准和规则，并对不符合标准的项目立即采取措施。

要点2：培养员工解决问题的能力

纸卡系统需亲自查看现场，为的是当问题还很小的时候就能被发现，并指导员工学会观察、解决问题。

现场的最高境界

纸卡系统是一种目视管理工具，就像生产使用的控制板一样。纸卡审计的项目放在目视板上，并靠近或位于检查的地方。纸卡必须奉行"现地现物"的原则，在现场进行审计。

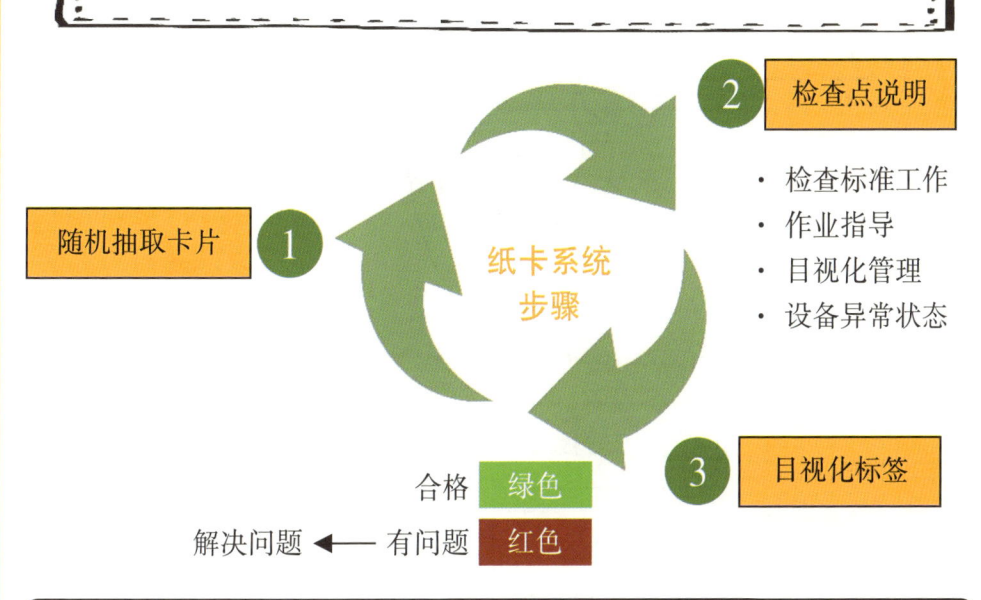

纸卡系统步骤

1. 随机抽取卡片
2. 检查点说明
   - 检查标准工作
   - 作业指导
   - 目视化管理
   - 设备异常状态
3. 目视化标签

合格 绿色
解决问题 ← 有问题 红色

每天	每周	每月	问题对策审计表					
			#	不合格	问题	原因	对策	负责人	日期
			1						
			2						
			3						
			4						
			5						
			6						
			7						
			8						
			9						

23. 看板：管理现场的流动

看板是管理企业生产的一个信号系统。利用看板卡片（信号）在各工序、各车间、各工厂以及与协作厂之间传送作业命令，使各工序都按照看板所传递的信息执行，以此保证在必要时间制造必要数量的必需产品，最终达到准时化生产的目的。

看板的类型

- 生产看板：用于指挥工作生产，规定所需产品种类及数量
- 取料看板：标明后制程所应领取物品的数量和种类

看板的目的：

看板是通过形象的、直观的、有利于视觉感知的信息来传递作业指令和暴露问题。

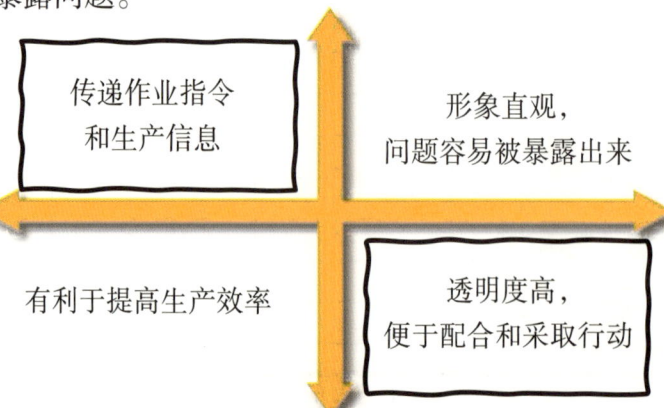

- 传递作业指令和生产信息
- 形象直观，问题容易被暴露出来
- 有利于提高生产效率
- 透明度高，便于配合和采取行动

看板传递的是运作的密码！

看板的拉动操作步骤：

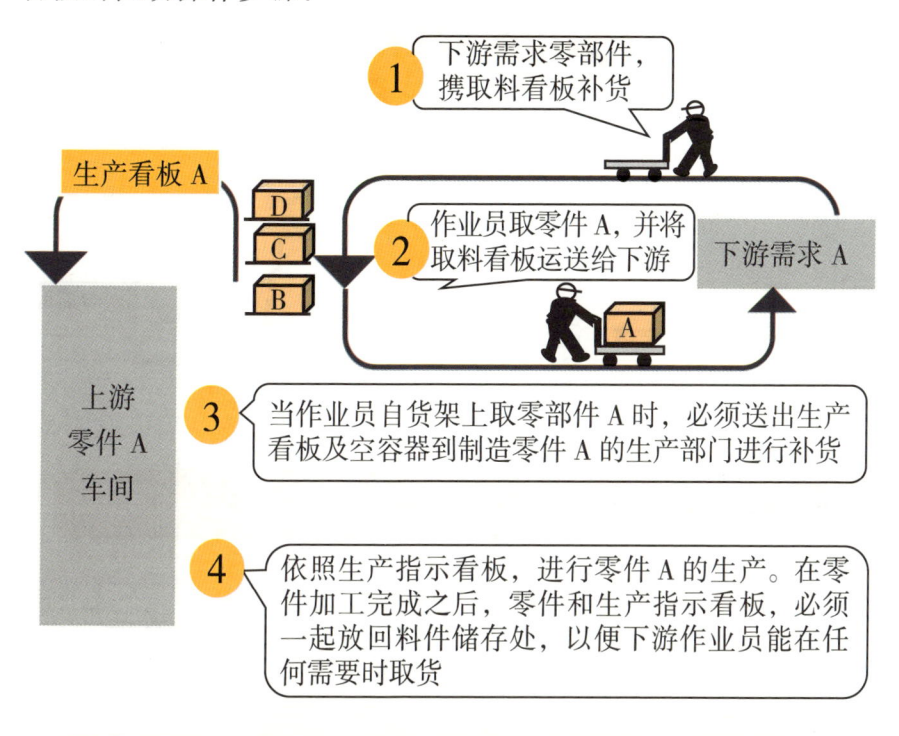

1. 下游需求零部件，携取料看板补货
2. 作业员取零件A，并将取料看板运送给下游
3. 当作业员自货架上取零部件A时，必须送出生产看板及空容器到制造零件A的生产部门进行补货
4. 依照生产指示看板，进行零件A的生产。在零件加工完成之后，零件和生产指示看板，必须一起放回料件储存处，以便下游作业员能在任何需要时取货

生产看板A
上游零件A车间
下游需求A

看板的要点

1. 管理对象的设定	确定看得见的管理目的
2. 管理可视化	目标、标准可视化易于人们的理解和沟通
3. 正常、异常设定	设定正常、异常范围，对异常处置设置基准
4. 看板的"三化"	形象化、色彩化、声音并用化
5. 维持管理	维持看得见的管理，更容易发现问题并改善

24. 现场教导：从心到行的改变

你多久进行一次现场教导？

在工作现场，主管或技能娴熟的老员工对下属进行必要的知识、技能、工作方法等的指导。

特点：
- 一边示范讲解，一边实践学习
- 当场询问、补充和纠正

现场教导的好处

- 员工能熟练而出色地做好自己的工作
- 提高本部门的整体工作业绩
- 促进员工个人能力提高
- 通过指导别人，获得自身能力增长

优秀企业现场教导模式

现场教导模式（一）
- 我做你看
- 我说你听
- 你做我看
- 你说我听

现场教导模式（二）
- 每月一主题
- 每天十分钟

员工没有掌握，是指导者没有教好！

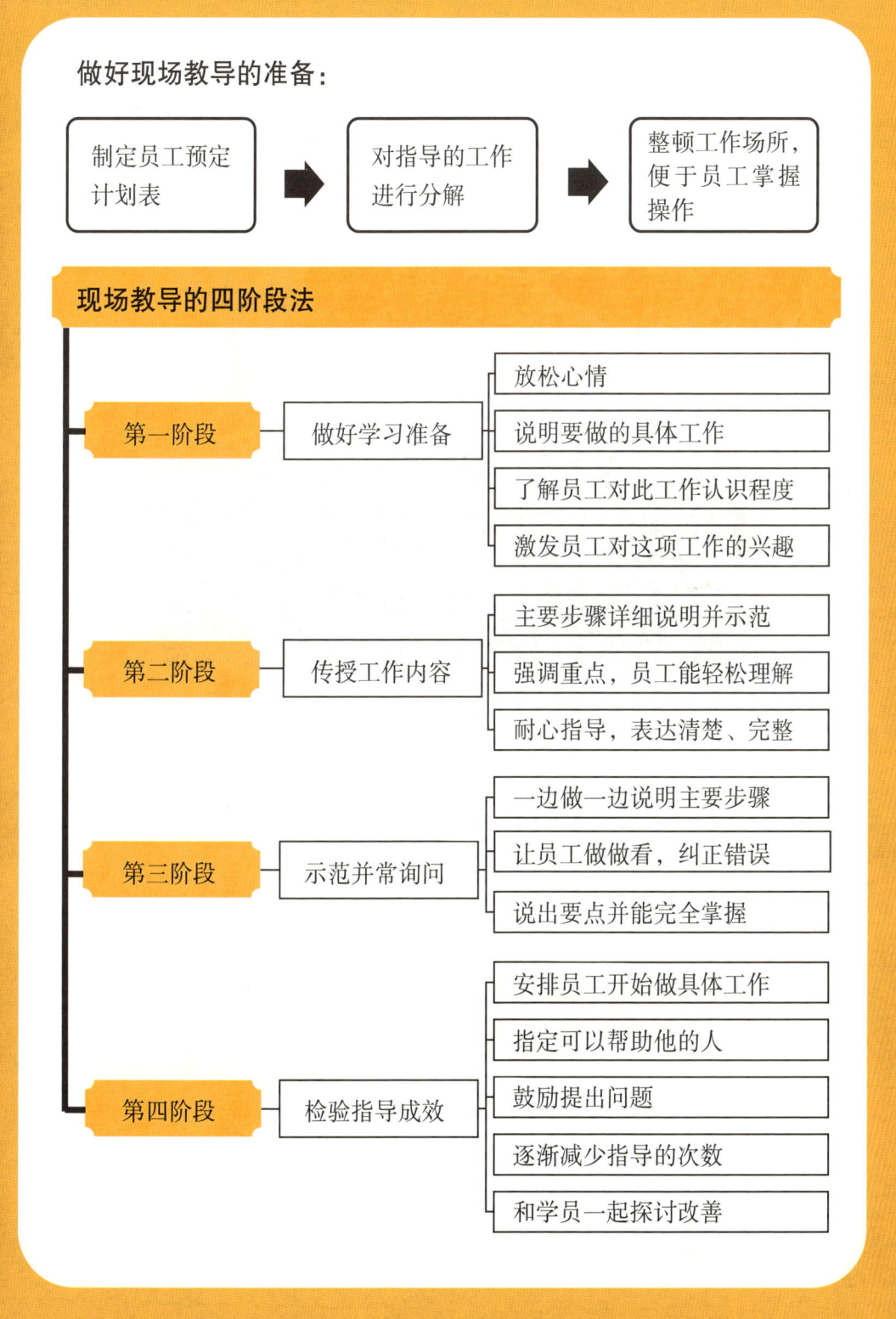

做好现场教导的准备：

制定员工预定计划表 → 对指导的工作进行分解 → 整顿工作场所，便于员工掌握操作

现场教导的四阶段法

- **第一阶段** — 做好学习准备
  - 放松心情
  - 说明要做的具体工作
  - 了解员工对此工作认识程度
  - 激发员工对这项工作的兴趣

- **第二阶段** — 传授工作内容
  - 主要步骤详细说明并示范
  - 强调重点，员工能轻松理解
  - 耐心指导，表达清楚、完整

- **第三阶段** — 示范并常询问
  - 一边做一边说明主要步骤
  - 让员工做做看，纠正错误
  - 说出要点并能完全掌握

- **第四阶段** — 检验指导成效
  - 安排员工开始做具体工作
  - 指定可以帮助他的人
  - 鼓励提出问题
  - 逐渐减少指导的次数
  - 和学员一起探讨改善

25. 改善系统 3C：我的工位，我做主

> 都说自己的工位没有问题，到底哪里出了问题？怎样才能更好地暴露问题？

3C 是由 3 个英文首字母为 C 的单词组成，Concern、Cause、Countermeasure，也就是"关注、原因、对策"。3C 是生产现场推行改善活动和倡导全员参与的一个有效工具。

1. 鼓励员工，发挥员工潜能和智慧
2. 促使员工能针对自己工位的问题，提出改善或创新意见
3. 提高员工工作热情，主动参与
4. 形成持续改善、积极向上的企业文化氛围

搭建 3C 平台的"3 要点"

要点 1：
建立 3C 推行领导团队

要点 2：
确立培训机制。因为多数员工眼中没有问题，更没有解决问题的方法

要点 3：
建立汇总审核反馈机制，对每一条 3C 都应及时处理和落实

让更多的人帮你看现场

> 一线员工最靠近现场。只有发挥一线员工的潜能和智慧，我们才能快速发现问题，分析问题，解决问题，预防问题。3C 可以创建一个让员工发挥价值的平台。

3C 改善系统的填写步骤

1	2	3	4	5	6	7	8	9	10
序号	日期	关注	原因	对策	责任人	计划解决日期	实际解决日期	提议人	状态

第一步：填写基本信息（1）（2）（3）

第二步：关注问题（4）

现象的客观描述或现象所带来的影响

第三步：相关问题的责任人（7）

跟生产相关的事情，建议这里的责任人填领班或主管，不管什么事情，领班和主管都需要跟进并了解进度

第四步：用 5WHY 分析法询问后得出事项发生的原因（5）

第五步：寻找对策（6）（8）

小组讨论后，确认可以彻底解决这个事项或问题的方法，需要描述清楚，快速实施。如果当前不能改变的，也需要详细说明原因

第六步：跟踪状态（9）（10）

状态一共分为 5 个阶段："确认关注""确认根本原因""找出对策""落实解决方案""问题已排除"

| 确定关注 | 确认根本原因 | 找出对策 | 落实解决方案 | 问题已排除 |

26. 员工合理化建议：让更多的大脑参与

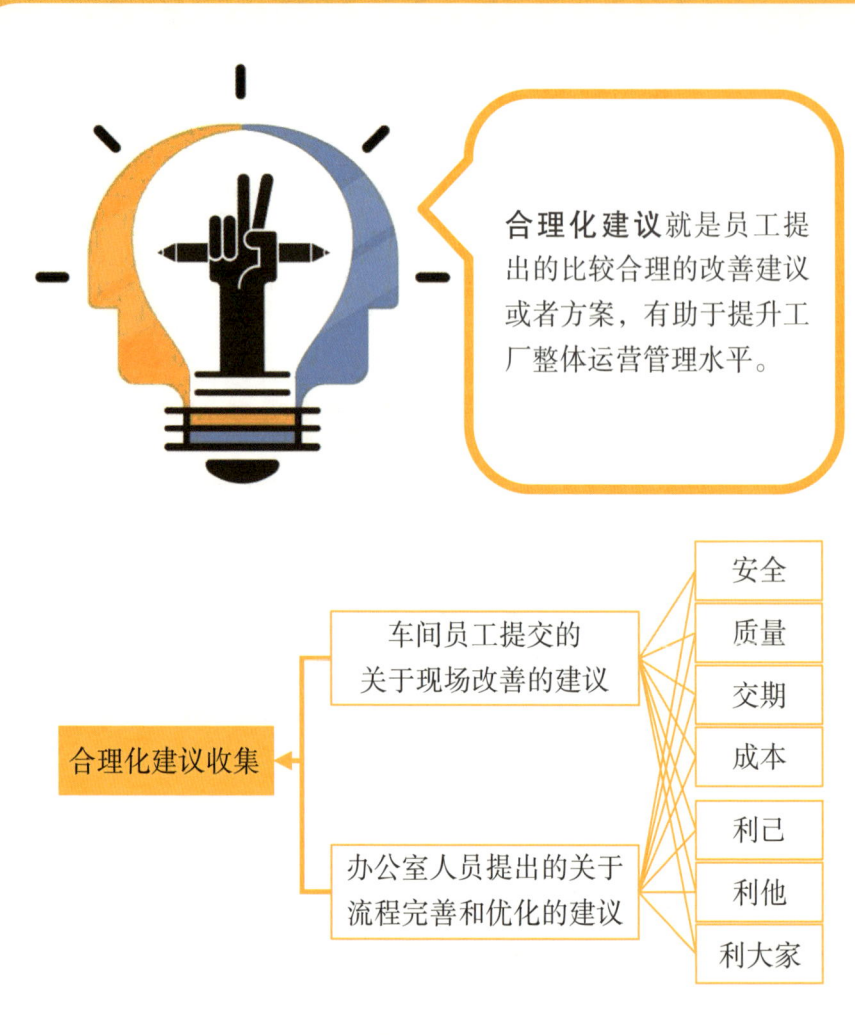

合理化建议就是员工提出的比较合理的改善建议或者方案，有助于提升工厂整体运营管理水平。

合理化建议收集：
- 车间员工提交的关于现场改善的建议
- 办公室人员提出的关于流程完善和优化的建议

分类：安全、质量、交期、成本、利己、利他、利大家

合理化建议的重要性：

1 员工及时提出自己发现的问题，并思考改进方案

2 培养员工思考问题和解决问题的能力

3 有助于工厂运营得更好

小点子，大作用！

员工合理化建议的关键

- 如何让员工的价值得到认可
- 重视员工合理化建议的内容
- 沟通非常重要，员工所有的建议都需要有正面反馈

员工合理化建议模板

建议是什么？	日期： 负责人： 提交者：
为何提出建议？	跟踪此建议状态：
针对此建议， 提供合理的解决方案/方法/途径：	未解决事项：

如何推行合理化建议

第一步：构建制度和流程

员工如何填写，提交给谁，谁来统计或整理，如何跟踪实施，如何奖励，等等

第二步：及时公布奖励

让员工知道自己的建议是否被采纳或执行，并及时给予奖励

第三步：形成改善文化

合理化建议改变的不只是行为，还有每个人的意愿和思维方式

27. 改善日：脑力激荡一下

改善日
每个月固定一天为改善日，倡导改善文化！通过对改善提案的横向学习，建立易于分享的改善环境。

改 善 日

- ☐ 开展改善活动
- ☐ 改善成果展示
- ☐ 改善项目评比
- ☐ 改善方法分享

改善日特征

1. ✓ 以自己的业务为中心进行改善
2. ✓ 重视改善过程
3. ✓ 注重横向展示效果
4. ✓ 由直属上司直接审查
5. ✓ 能获得高层的关注与理解
6. ✓ 对已实施的提案给予奖励

改善也需要仪式感！

改善日活动
- 是对员工的认可
- 是对创新的鼓励
- 是对团队士气的激励
- 推动持续改善

改善日的必要条件	具体的实施事项
创建改善日小组推进委员会 认可改善日的目的和意义	改善日推进组织 设立改善日委员会 设立部门推进小组和负责人 设立改善日项目评比标准
上层和管理者的支持 （理解、协作、指导）	确保改善日活动有举办场所、时间窗口、改善经费、教材、奖品等资源
提高领导人和成员的改善能力	培训体系和进修 管理者（上层）的进修 改善小组的进修 改善项目的辅导
全体成员参加	每月固定时间举办改善日活动，完善评价、表彰制度，吸引更多员工的参与
活动状况可视化	及时更新活动展示展板

第四章：时间游戏

效率是时间的利用率。

在泰勒的图书《科学管理原理》中，科学管理是建立在分工基础上的，把生产按操作步骤进行分工，员工各司其职，从而提升生产效率。

在各个分工中，相互之间的时间关系至关重要。效率的提升，是时间管理，也是分工之间的协作管理。

效率提升，是一种时间的游戏。把时间玩明白了，效率提升也就信手拈来。

常见的时间管理手法

生产步骤可以分"节拍时间，周期时间，工艺时间"。通过"时间观测"技术来获得各种不同的时间。在观测的过程中，一定要注意"标准差"的影响。

通过"流程图"使整个工艺步骤可视化，并用"ECRS"原则来进行流程优化。优化是减少时间分配的一种方式。

员工的操作会消耗时间，因此需要通过"动作经济原则"来设计操作规范，用"工时预估"技术获得标准操作时间。

对整个生产线进行"线平衡分析"可以提升整个生产流程的效率，有了HPU（Hour Per Unit），也就是生产每个产品需要的时间，就可以根据产量来计算所需要的操作工人数。

这些都非常简单，是非常实用的时间管理技术。熟练运用这些技术可以有效地对分工实现协作管理，可以有效地实现持续效率改善。

28. 精益是基于时间的竞争

生产运营常用的时间概念：

节拍时间　　　周期时间　　　工艺时间

【节拍时间 Takt Time】
是客户需求周期时间，指在一定时间内，总有效生产时间与客户需求数量的比值。也就是客户期望产出一个成品的市场必要时间。

节拍时间（TT）
- 是生产一个产品的间隔时间
- 是生产的目标时间，决定生产的速度"心跳"
- 是按照客户的需求拉动生产
- 是使前后工序同步化的标准
- 节拍时间 = 总有效生产时间 / 客户需求数量

【周期时间 Cycle Time】
是一个工位或一条流水线从上个零部件或产品离开到下个零部件或产品离开之间的间隔时间。这个时间等于操作时间加上必要的准备、装载及卸载的时间之和。

要比别人跑得快

周期时间

机器周期时间 ········ 操作员周期时间

周期时间（CT）
- 机器周期时间 ➡ 用机器加工，完成一件产品或操作所需的时间
- 操作员周期时间 ➡ 操作员在工位上，完成所有操作需要的时间

☐ 周期时间反映了工位和流水线的生产能力，它与节拍时间共同判断接单能力。

☐ 通过周期时间来寻找或确定瓶颈工位，以便改善。

☐ 周期时间是用来定义和计算线平衡、标准作业、设备综合效率（OEE）的基础。

【工艺时间 Process Time】

对于一个工位而言，工艺时间就是工位的周期时间。对于整条流水线而言，工艺时间就是所有工位周期时间的加和，也就是一个产品经过流水线从头到尾所需要的时间。

☐ 工艺时间可用来计算产能和设备需求的数量。

☐ 工艺时间可用来计算库存可供应天数（DOS）、库存以及交货周期。

| 工位1 | 工位2 | 工位3 | 工位4 | 工位5 | 工位6 | 工位7 |

工艺时间

29. 时间观测：改善的基石方法

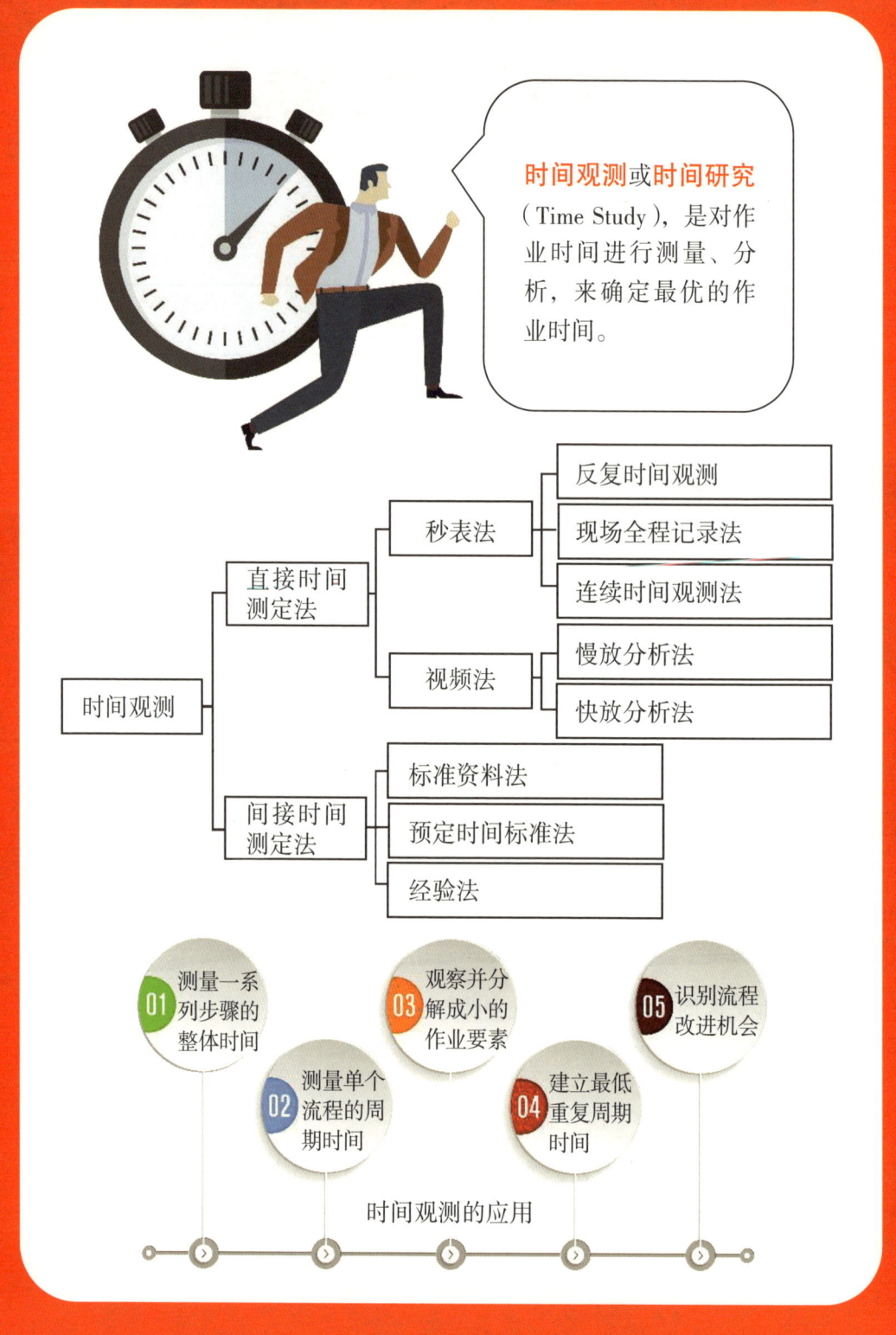

> **时间观测**或**时间研究**（Time Study），是对作业时间进行测量、分析，来确定最优的作业时间。

时间观测
- 直接时间测定法
  - 秒表法
    - 反复时间观测
    - 现场全程记录法
    - 连续时间观测法
  - 视频法
    - 慢放分析法
    - 快放分析法
- 间接时间测定法
  - 标准资料法
  - 预定时间标准法
  - 经验法

时间观测的应用：
- 01 测量一系列步骤的整体时间
- 02 测量单个流程的周期时间
- 03 观察并分解成小的作业要素
- 04 建立最低重复周期时间
- 05 识别流程改进机会

提升效率，一定要知道怎么测量时间！

时间观测对象：

- ☐ 人
- ☐ 机器
- ☐ 物料的运送

时间观测步骤：

- 选定一个重复操作的工序或流程
- 分解为若干个操作步骤
- 记录时间观测表
  - 流程操作步骤
  - 每步操作时间
  - 周期循环时间

提示：至少重复测量 8~10 次

- 分析每步的增值和非增值活动
- 统计每步最短时间（排除特殊情况）
- 累加每步最短时间为周期循环时间

30. 标准差：有数据，一定有误差

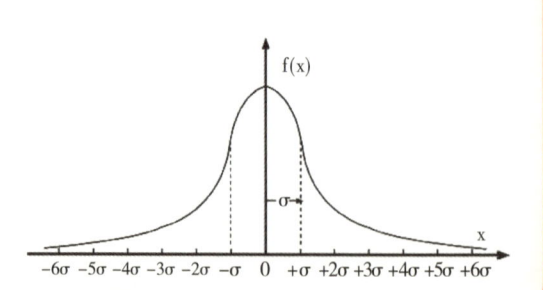

> 为什么改善瓶颈工位后，对整条线没有什么帮助？

节拍时间

A B C（瓶颈时间） D E

> 问题来自工位周期时间的标准差！

- 在统计描述中，标准差用来计算每一个变量（观察值）与平均数之间的差异。

- 很多时候，看平均数并没有问题，问题往往出在标准差上，也就是数据分布太宽。

平均数 / 标准差 → 数据分析

f(x)

−6σ −5σ −4σ −3σ −2σ −σ 0 +σ +2σ +3σ +4σ +5σ +6σ x

别让误差蒙蔽我们的双眼

　　从均值看，瓶颈工位是 C，但实际瓶颈在工位 C 和 D 之间漂移，当工位 C 的时间小于 D 时，整条线的瓶颈由 D 来决定，并叠加到最后的产线输出。这种状态会引起对产线产出能力的误判，并导致计划失误。

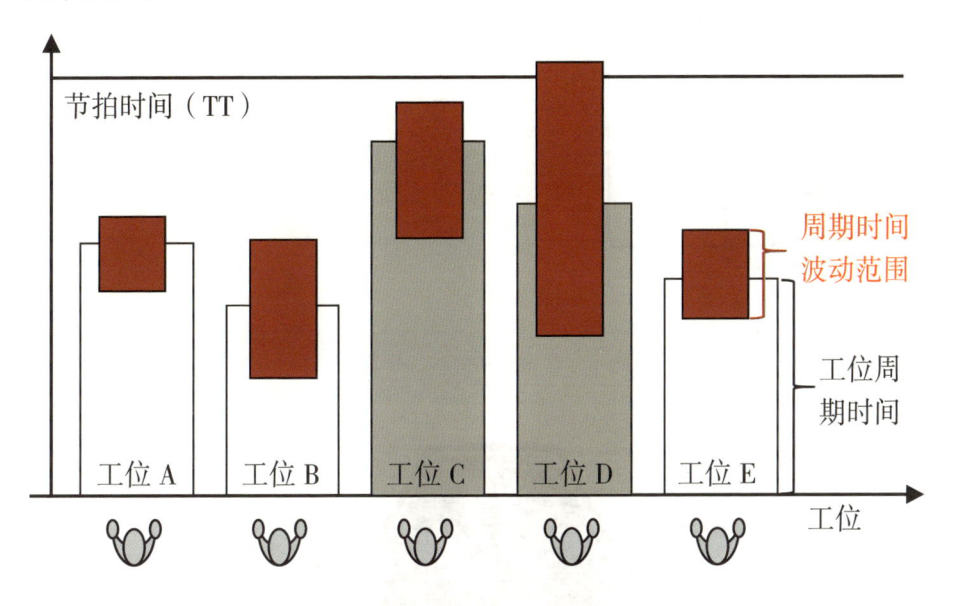

节拍时间（TT）

周期时间波动范围

工位周期时间

工位 A　工位 B　工位 C　工位 D　工位 E　　工位

如何解决生产线产出不稳定的问题？

第一步：改善瓶颈工位

习惯做法是把一个工位测量 10~20 次，记录测量时间取平均值作为当前工位的周期时间（上图通过周期时间计算，找到最长的周期时间——工位 C，优先改善此瓶颈工位）。

第二步：计算每个工位的标准差

看似一个稳定的生产线，其实际产出在统计管制上有波动的影响。这种波动的后果是整线瓶颈时间比瓶颈工位平均值高很多，所以计算整条流水线各工位周期时间的标准差，找到瓶颈工位并改善波动带来的影响（最大标准差——工位 D）。

31. 流程图：千言万语不如一张图

流程图是人们将思考的过程和工作（操作）的顺序进行分析、整理，用规定的文字、符号、图形的组合加以直观描述的方法，是对过程、算法、流程的一种图形表示。

流程图的优点

- 直观：形象直观，一目了然
- 清楚：便于理解，没有歧义
- 明确：书写简单，易于梳理

流程图的作用

① 可视化逻辑关系
② 梳理整体过程
③ 探寻断点瓶颈点
④ 寻找问题所在点

将流程可视化

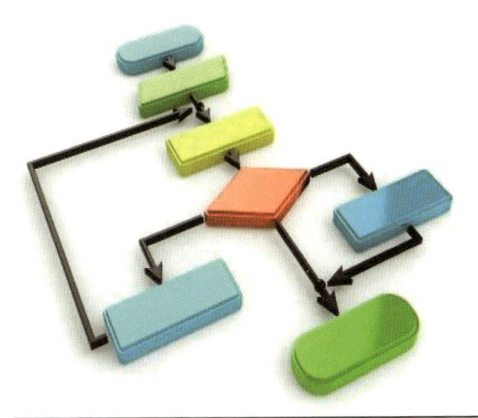

应用：

在企业里，流程图主要用来说明某一过程，这种过程既可以是生产线上的工艺流程，也可以是完成一项任务必需的管理过程。

常用元素	定义
起止框	表示流程图的开始或者结束
流程	即操作处理，表示具体某一步骤或操作
判定	表示方案名或者条件标准
子流程	表示决定下一步骤的一个子进程
文档	输入或者输出文件
（数据库图标）	数据库的矢量图

画流程图的基本要求

- 为提高流程图的逻辑性，应遵循从上至下，从左到右的顺序
- 同一流程图，符号大小应一致
- 流程图不允许有死循环
- 路径符号应避免相互交叉
- 复杂的流程图分主、子流程图来绘制，不要画在同一流程图中

32. ECRS 四原则：改善全家桶

ECRS 分析法，是工业工程学中程序分析的四大原则，用于对生产工序进行优化，以减少不必要的工序，达到更高的生产效率。

取消 Eliminate
- 取消不必要的动作和工序
- 取消无价值的操作或流程

合并 Combine
- 如果工作或动作不能取消，则考虑能否与其他工作合并
  - 合并可以减少人员等待时间
  - 合并可以减少物料传送距离
  - 合并可以减少空间和人员需求

重排 Rearrange
- 对工作的顺序进行重新排列
- 重排可以优化流程和步骤
  - 何人来做？
  - 需何时做？
  - 在哪里做？

简化 Simplify
- 指工作内容和步骤的简化或被替代
- 替代可能需要一部分投资，要计算设备投资回报率

ECRS 具体怎么做

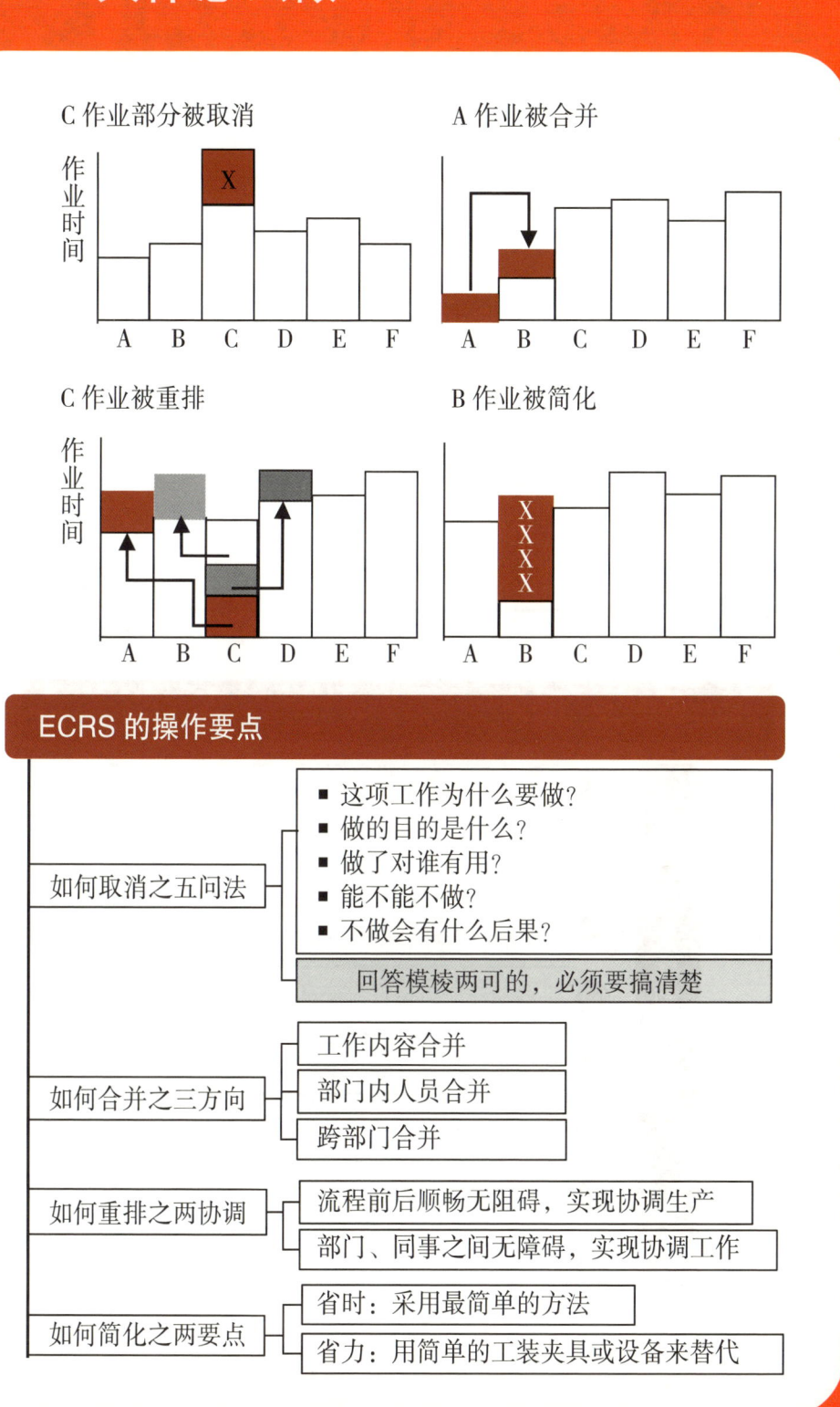

C 作业部分被取消

A 作业被合并

C 作业被重排

B 作业被简化

ECRS 的操作要点

如何取消之五问法	■ 这项工作为什么要做？ ■ 做的目的是什么？ ■ 做了对谁有用？ ■ 能不能不做？ ■ 不做会有什么后果？
	回答模棱两可的，必须要搞清楚

如何合并之三方向	工作内容合并
	部门内人员合并
	跨部门合并

如何重排之两协调	流程前后顺畅无阻碍，实现协调生产
	部门、同事之间无障碍，实现协调工作

如何简化之两要点	省时：采用最简单的方法
	省力：用简单的工装夹具或设备来替代

33. 动作经济原则：从动作移动中找时间

动作经济原则是通过对人体动作能力的研究而创立的动作设计和改善原则。可以最有效发挥人的能力、使作业者疲劳最小、动作迅速、最有效率。

动作经济原则为吉尔布雷斯夫妇所创，经多位学者研究改进，后由美国巴恩斯将此原则分为三大类，22点，它几乎适用于人的全部作业，是动作改善的基本方向原则。

动作经济22个原则

人体利用原则

1. 双手应同时开始，并同时完成动作
2. 除规定的休息时间外，双手不应同时空闲
3. 手臂的动作应对称，反向并同时进行
4. 手的动作应以最低等级的动作来进行
5. 利用物体惯性
6. **连续的**曲线运动比方向突变的直线运动更佳
7. **弹道运动**比受限制或控制的运动更轻松自如
8. 动作应该尽可能应用轻快自然的节奏

员工不累，分分钟提升作业效率！

操作配置原则

9. 材料和工装定点、定容、定量
10. 材料、工装预置在小臂范围内
11. 零件物料的供给应利用其重量附送至工作者手边
12. 利用物品自重进行工序间传递
13. 工具物料应以最佳的工作顺序排列
14. 应有适当的照明，使视觉舒服
15. 工作台及座椅的高度应保证工作者坐立舒适
16. 工作椅式样及高度，应能使工作者保持良好姿势

工具准备原则

17. 尽量解除手的工作，使用夹具或脚踏工具代替
18. 可能时，应将两种工具合并使用
19. 工具物料应尽可能预放在工作位置上
20. 手指分别工作时，各指负荷应按照其本能予以分配
21. 设计手柄时，应尽可能增大与手掌的接触面积
22. 机器上的手杆、工作杆及手轮的位置，应使操作者极少改变姿势，且能最大限度利用机械

34. 工时预估技术：标准工时是多少？

当有人测量时间，我们就故意做慢些！

每个人的操作时间都不同，多少才算是一个合理的标准工时？

在布置一条流水线，安排工位，确认人工需求时，我们可以用工时预估技术来确定每道工序的时间，从而获得理论模型。

- MOST 分析法是常用的工时预估技术。根据物体按约束路径移动所需时间来确定工时。

- 时间测量法，是实际测量的时间乘以一定比例系数（系数根据工位和员工疲劳度而定）。

标准时间 = 测量时间 ×（1+ 宽放系数）

一个动作到底花多少时间才是合理的？

MOST 分析法
Management **O**peration **S**tandard **T**echnique）

是指一个熟练的工人在正常操作条件下工作，以合理的劳动强度，按照规定的方法和质量要求，完成一个符合质量标准产品的最短时间。

MOST 的步骤方法
（MOST 采用 TMU–Time Measurement Unit 来计算时间）：

操作动作按一般动作、控制动作、使用工具动作分类，并用特定公式表示

每类动作细分成手和手指的动作、身体动作等，每个动作用不同字母表示

依据《标准时间基本元素数据表》检索相应动作号码

将求得号码总和乘以 10，得到该动作的 TMU

将 TMU 乘以 0.036，即得该动作的 MOST 时间

时间测量法的注意事项：

时间测量时应分开机器和人工的时间

人工测量时，选择的对象应该是熟练工，并且排除干扰因素

测量的时间不宜太短，分开正常和异常情况的时间并反复测量取平均值

疲劳系数根据工种和员工操作强度而定，往往周期时间越短疲劳系数越高

35. 生产线平衡：效率的损失，藏在哪里？

> 这条生产线的员工是否存在等待的浪费？
> 如果某个作业员发生问题，会发生什么事情？

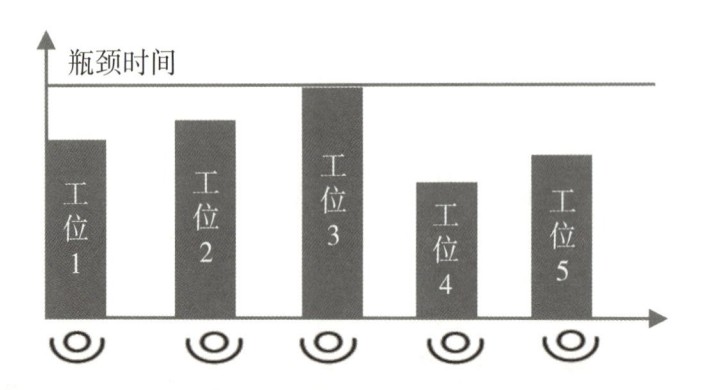

（瓶颈时间图：工位1、工位2、工位3、工位4、工位5）

用生产线平衡来提高效率！

生产线平衡适用：
> 手动、半自动生产线效率的提升
> 全自动生产线的设计

生产线平衡是通过调整各工序或工位的作业负荷或工作量，使各工序的作业时间尽可能相近或相等，最终消除各种等待浪费现象，达到生产效率最大化。

提高生产线平衡的意义：

- 加快生产流动，缩短生产周期
- 消除工程瓶颈，提高作业效率
- 减少或消除忙闲不均现象，公平分配
- 减少工序间的在制品和场地空间的占用
- 增加单位时间的生产量，降低生产成本

比起部分效率，整体效率更重要！

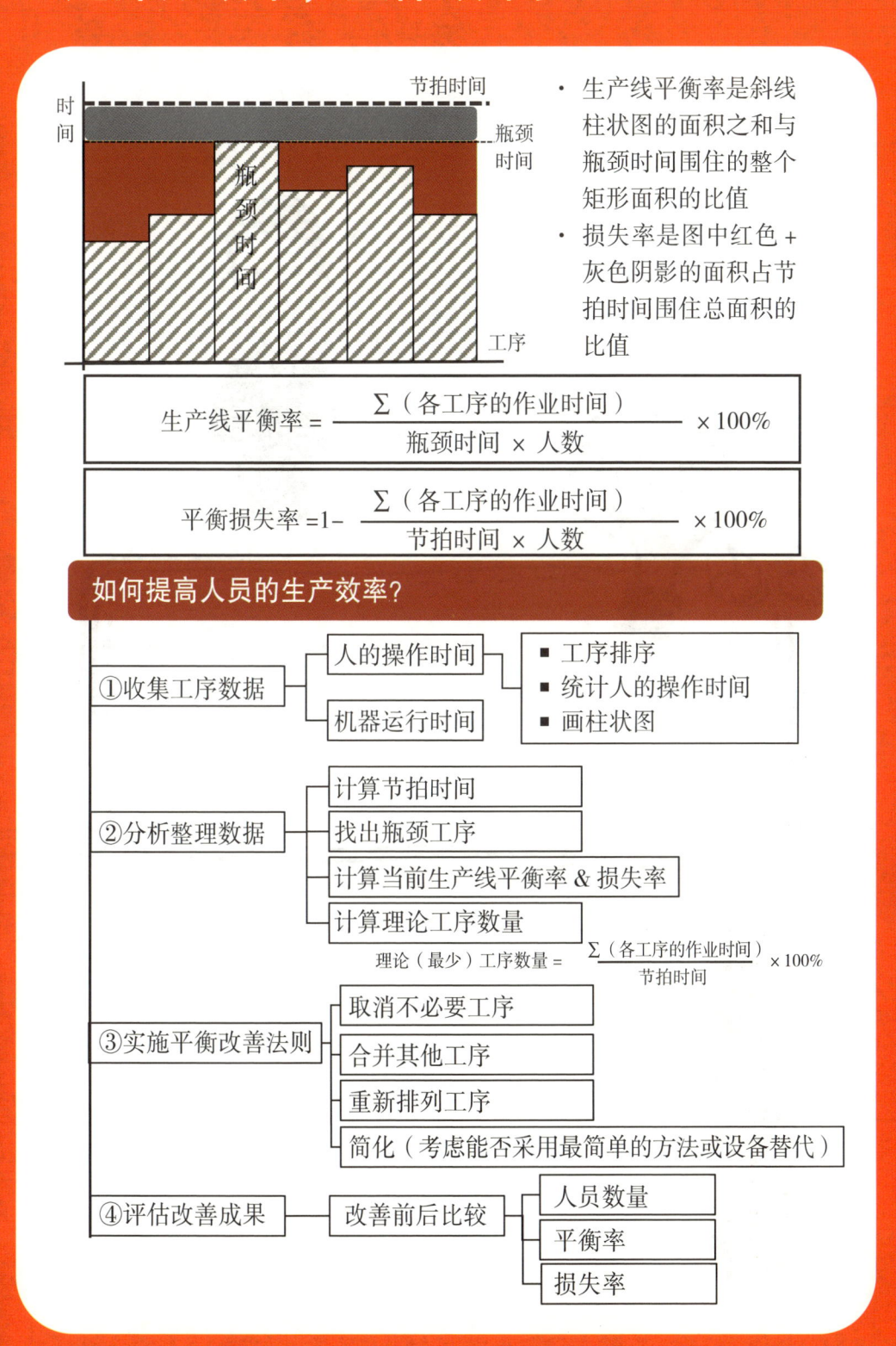

时间｜节拍时间｜瓶颈时间｜瓶颈时间｜工序

- 生产线平衡率是斜线柱状图的面积之和与瓶颈时间围住的整个矩形面积的比值
- 损失率是图中红色＋灰色阴影的面积占节拍时间围住总面积的比值

$$生产线平衡率 = \frac{\Sigma（各工序的作业时间）}{瓶颈时间 \times 人数} \times 100\%$$

$$平衡损失率 = 1 - \frac{\Sigma（各工序的作业时间）}{节拍时间 \times 人数} \times 100\%$$

如何提高人员的生产效率？

① 收集工序数据
- 人的操作时间
  - 工序排序
  - 统计人的操作时间
  - 画柱状图
- 机器运行时间

② 分析整理数据
- 计算节拍时间
- 找出瓶颈工序
- 计算当前生产线平衡率 & 损失率
- 计算理论工序数量

$$理论（最少）工序数量 = \frac{\Sigma（各工序的作业时间）}{节拍时间} \times 100\%$$

③ 实施平衡改善法则
- 取消不必要工序
- 合并其他工序
- 重新排列工序
- 简化（考虑能否采用最简单的方法或设备替代）

④ 评估改善成果
- 改善前后比较
  - 人员数量
  - 平衡率
  - 损失率

36. HPU：如何用时间来衡量需要多少员工？

> 都来跟我要人，到底需要多少员工才是合理的？

单位产品工时（Hour Per Unit）是每生产一个产品所需要的人工工时，是生产和成本效率的重要指标，HPU可以合理规划企业操作员工的需求量。

$$HPU = \frac{工人数量 \times 每个工人可用小时数}{产量}$$

HPU
- 可以了解不同产品所需工时的差异，从而有效合理减少人力资源的浪费并进行改善
- 可以核实所需操作工的数量，从而科学衡量工厂所需员工数量，用于计划、管理以及效率提升的认可
- 可以反映工厂生产效率变化的趋势

衡量一线员工的生产效率！

如何用 HPU 来衡量一线员工的生产效率？

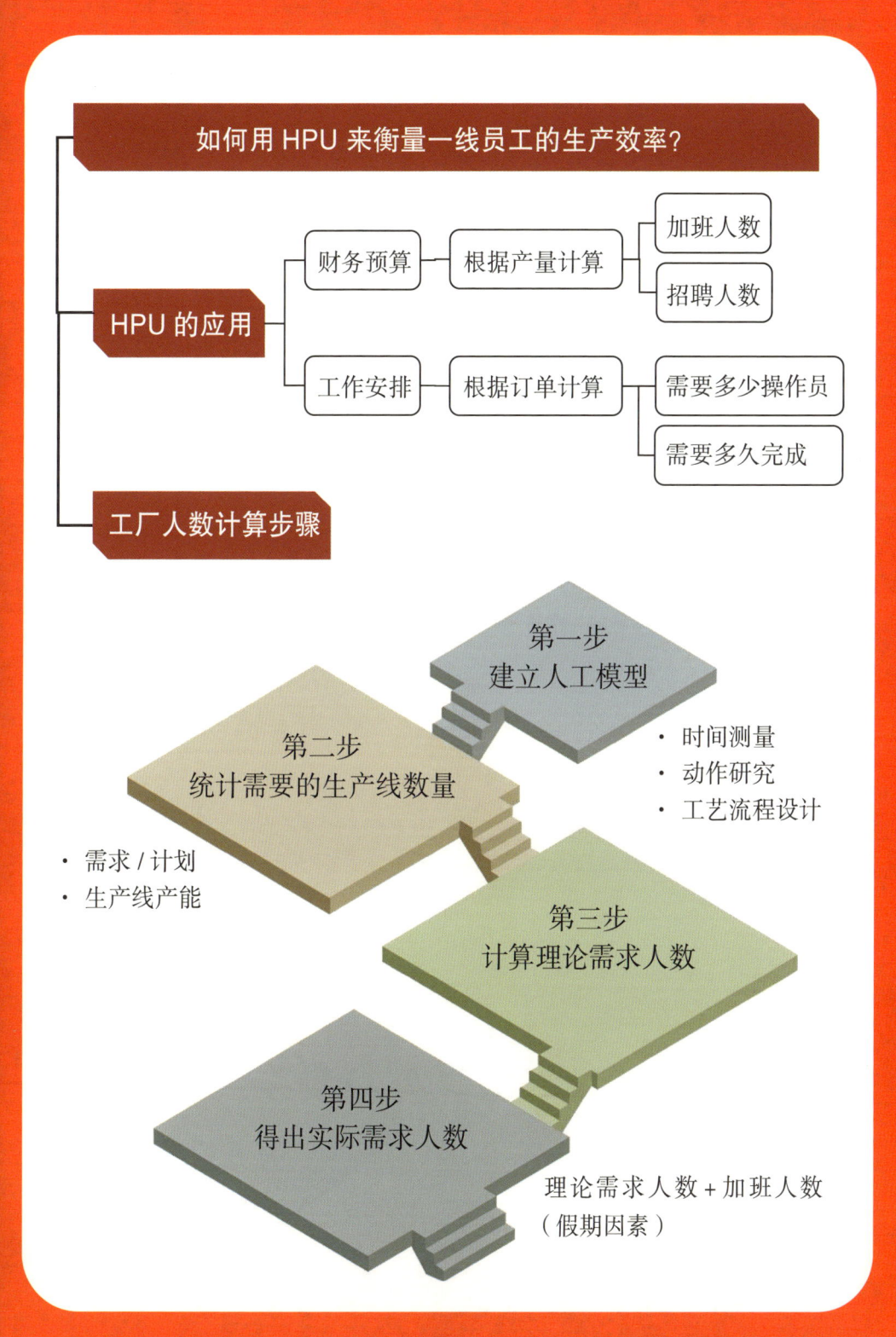

HPU 的应用
- 财务预算 — 根据产量计算
  - 加班人数
  - 招聘人数
- 工作安排 — 根据订单计算
  - 需要多少操作员
  - 需要多久完成

工厂人数计算步骤

第一步 建立人工模型
- 时间测量
- 动作研究
- 工艺流程设计

第二步 统计需要的生产线数量
- 需求/计划
- 生产线产能

第三步 计算理论需求人数

第四步 得出实际需求人数
理论需求人数 + 加班人数
（假期因素）

第五章：物流统筹

　　生产运营就是把原材料等零部件转变为最终产品的过程。原材料在生产线的流动是一门科学。物流统筹管理可以反映出一个企业的管理水平。

跟物流统筹相关的概念和管理方法

　　"精益布局"表面上是机器设备和工位的摆放以及位置关系，但其实会影响物料的流动和库存的数量。因此，要提升物流的效率，首先要从精益布局开始，特别是在新厂房的设计阶段介入会有更好的效果。

　　"标准作业"能够统筹安排操作的流程、人员的安排和库存的需求。通过标准作业设计，寻找最优的作业流程，达到物流的最优管控。

　　"库存"是物流管理的基本要素，库存的多或少会决定生产运营的效率和风险。

　　"库存周转率"可以看出一个企业的盈利能力。周转率越高，盈利能力越强。

　　"意大利面条图"：可视物料的流动路线找到改善机会。

　　"水蜘蛛"：用来设计生产线上物料的供给和流动方案。

　　"利特尔法则"：为最优库存提供了理论依据。

　　"鼓—缓冲—绳子"：用来管理生产线的生产节奏和库存的优化。

　　"库存可供应天数"：最简单最直观的生产线物料计划。

　　掌握了这些基本的方法，就可以实现最优化的物流统筹。

37. 精益布局：布局里有大学问！

精益布局

精益布局（Lean Layout）
是以生产流程为基础，通过对物料、机器、员工的合理布局来消除人、机、料、法、环各个环节上的浪费，实现最佳效率和产出。

精益布局的六项原则

- 1. 统一原则
- 2. 最短距离原则
- 3. 物流顺畅原则
- 4. 利用空间原则
- 5. 灵活机动原则
- 6. 安全满意原则

传统布局的基本形式：

- 固定式布局（以产品为中心）
- 功能式布局（以设备为中心）
- 流程式布局（以流程为中心）
- 混合式布局（结合前三种布局）

精益布局的基本形式：

- 串联式布局
- 并联式布局
- L 形布局
- U 形布局
- 单元化布局

VS

传统布局的特点：

- 产品一批批下线
- 没有固定的流动方向
- 对员工技能要求很高
- 所需资源非常多
- 按照自己的想法生产
- 质量难控制

精益布局的特点：

- 产品分批下线
- 产品流动的方向是固定的
- 对员工技能要求较低
- 所需（工具、场地）资源较少
- 按统一的节拍生产
- 质量容易监控

高效生产系统从布局开始！

精益布局的目的：消除人、机、料、法、环各个环节的浪费

- 降低生产周期时间，快速响应
- 降低库存，消除浪费
- 提高人、设备和空间的利用率
- 减少作业量，改善作业的环境

实现精益布局的六步法

1. 设定目标
考虑当前布局结构设定目标

2. 收集布局关键信息
- 操作的周期时间
- 生产批量大小
- 设备有效工作时间
- 换模时间
- 产品良率
- 报废率

3. 分析物流线路
- 距离最短原则
- 防止孤岛作业

4. 改善库存情况
根据现场观察和员工沟通获取库存产生原因，并一起探讨减少或消除库存的方法

5. 建立精益布局结构
依据精益布局六项原则

6. 实施改善方案
消除人、机、料等环节的浪费

38. 标准作业：快速迭代的基础

什么是标准作业？

标准作业是采用最佳的作业顺序，并最好地利用人、机器、工具和材料去完成工作，然后发展成标准工作流程让所有人遵守。

标准作业的"三要素"

- **节拍时间**：节拍时间是生产一件产品所需要的必要时间
- **作业顺序**：作业顺序是实现高效率的重要保证
- **标准手持**：为了能够反复以相同的顺序、动作作业而在工序内持有的最小限度的在制品

为什么要标准作业？

1. **作业的依据、管理的基准：** 明确制造产品的方法是管理的基础，因此要考虑品质、产量、成本、安全来决定标准工作方法

2. **改善的基础：** 在现有标准的基础上进行持续改善

3. **科学的方法：** 从理论上系统地安排工作步骤，并达到高效的目标

用科学的方法来制定标准

比较传统方法和标准作业

传统方法：不确定 / 随机性大

效率 → 时间

标准作业：算法推导，有理论依据

效率 → 时间

标准作业 7 步法

- 确定流程
- 定义主要步骤和顺序
- 显示要点和如何做
- 最好用简单文字和图片

绘制流程①

↓

节拍时间② · 确立生产节拍时间

↓

- 对作业进行线平衡分析并做相应改善

作业平衡③

↓

作业序列④
- 人工作业
- 机器作业
- 行走时间
- 作业合并表

↓

- 制作标准作业书
- 考虑标准手持

标准作业书⑤

↓

现场指导⑥

↓

持续改善⑦

85

39. 库存：让人又爱又恨的物料

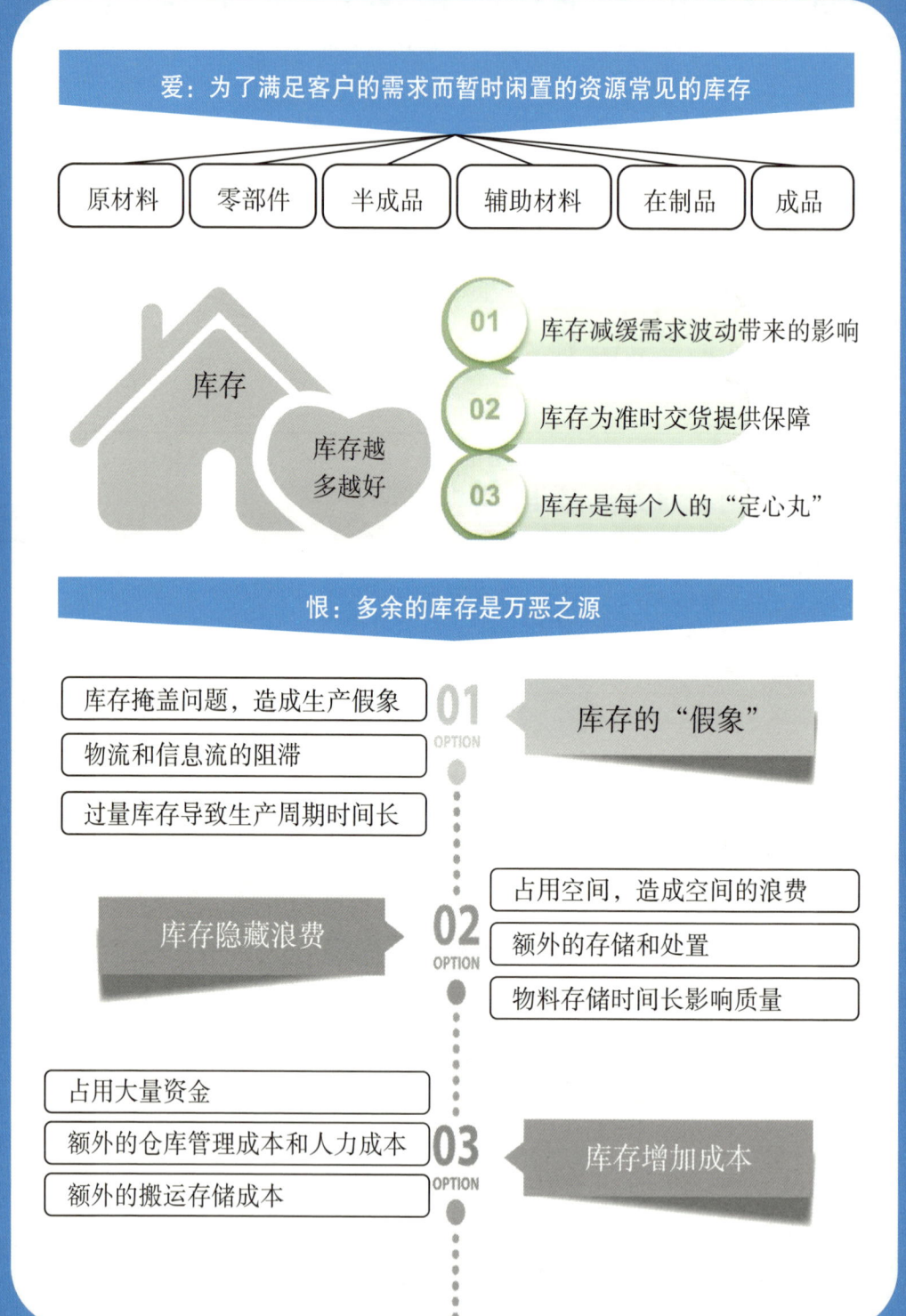

爱：为了满足客户的需求而暂时闲置的资源常见的库存

- 原材料
- 零部件
- 半成品
- 辅助材料
- 在制品
- 成品

库存（库存越多越好）

01 库存减缓需求波动带来的影响
02 库存为准时交货提供保障
03 库存是每个人的"定心丸"

恨：多余的库存是万恶之源

01 OPTION　库存的"假象"
- 库存掩盖问题，造成生产假象
- 物流和信息流的阻滞
- 过量库存导致生产周期时间长

02 OPTION　库存隐藏浪费
- 占用空间，造成空间的浪费
- 额外的存储和处置
- 物料存储时间长影响质量

03 OPTION　库存增加成本
- 占用大量资金
- 额外的仓库管理成本和人力成本
- 额外的搬运存储成本

库存是块试金石

堆积库存的原因

员工认为库存是理所当然的	客户需求波动	生产不均衡
产能不均	流程不畅	瓶颈工序
过程能力不足	季节波动	型号品种多
供应链不稳定	缺乏沟通	设备不稳定
担心突发事情	批量大	换模时间长

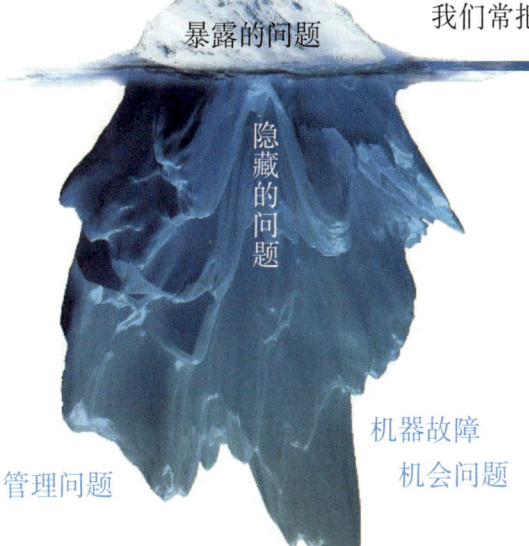

我们常把海洋的水平面比作库存水平线

暴露的问题

隐藏的问题

管理问题　　机器故障　机会问题

水位线越高说明库存越高，大量的库存隐藏了问题，同时也掩盖了改善的机会。降低库存迫使团队去面对问题并快速解决问题。管理得到改善，人员得到锻炼。

寻找最优库存

40. 库存周转率：企业的挣钱能力

进 1 万元的货物

一个月卖光，一年资金周转 12 次

半年卖光，一年资金周转 2 次

哪种方式更赚钱？
我们希望货物一直流动还是希望货物搁置在库房不动？

如果 1 万元的货物盈利 10%，
一年库存周转 12 次——一年盈利 120%
一年库存周转 2 次——一年盈利 20%

库存周转率（Inventory Turnover）是指某一时间段内库存货物周转的次数，是反映库存周转快慢程度的指标，是衡量一个企业盈利能力的重要参数。

周转率越高表明销售情况越好

周转率越低表明资金利用率和变现能力越差

库存周转率
- 从财务的角度预测整个公司的现金流
- 考核整个公司的需求与供应链运作水平
- 加快资金周转，提高资金利用率和变现能力

如何计算库存周转率？

$$库存周转率 = \frac{销售成本（最终产品销售所包含的物料总成本）}{平均库存价值（财务周期末各个点的库存平均值）}$$

$$平均库存价值 = \frac{期初库存价值 + 期末库存价值}{2}$$

举个例子

某企业 F 在 2024 年第一季度的销售成本是 100 万元，该季度期初库存价值 20 万元，季度末库存价值 30 万元，库存周转率为多少？

$$库存周转率 = \frac{100}{(20+30)/2} = 4（次）$$

相当于该企业用平均 25 万元的现金在这一个季度里周转了 4 次，赚了 4 次利润。

赚钱喽！

库存周转率多种计算方法

使用数量导入计算	库存周转率 = 使用数量 / 库存数量
使用金额导入计算	库存周转率 = 使用金额 / 库存金额
出库金额导入计算	库存周转率 = 出库金额 / 库存金额
原料周转导入计算	库存周转率 = 销售净额 / 原料平均库存金额
阶段时间导入计算	库存周转率 = 一定时间内出库总金额 / 同期间平均库存金额

41. 面条图：一步的价值是多少？

意大利面条图是用图形来描绘在一个实际的操作轨迹或流程里人员或物料移动的空间和距离。

工序 1　工序 2　工序 3　工序 4

意大利面条图是一个直观的小工具，如需准确描述距离，需要在 CAD 等软件辅助下进行准确分析。

为什么要用意大利面条图？
- 面条图表明人员物料运输或移动的距离和频率
- 可以清晰地识别运输中的浪费
- 形象地表明真正发生了什么

意大利面条图应用

1. 追踪一个或多个流程的人员流动
2. 显示人员、物料或零件的移动距离
3. 识别在布局、存储或工序设计中的改进机会

物料运输的可视化

如何用意大利面条图进行改善？

观察当前的流程和区域

确定绘图比例，创建简单的区域图

观察区域人员、物料的流动

在简图上用带箭头的线连接流动的步骤、顺序和方向

跟踪记录多个循环周期并在简图上标注

根据简图计算距离和停顿点数量

- 分析数据
- 寻找浪费点
- 多次返回的路线
- 需更加关注

团队讨论改善建议

根据改善方案绘制新的意大利面条图

确定新流程并绘制标准化后的意大利面条图

42. 水蜘蛛：物料运输也需要优化！

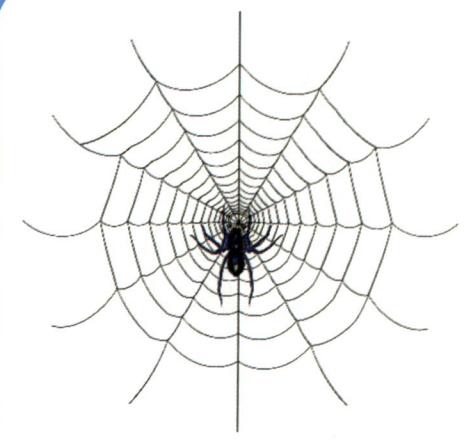

丰田人将物料配送员称为"水蜘蛛"，这是生产线上专门从事物料和信息传递的岗位。在规定的时间周期内，沿着固定的路线，将物料从仓库或超市配送到生产线边，并将空容器返回。

传统物料配送随意化　　　　水蜘蛛物料配送标准化

VS

优点：
- 看到哪条生产线缺料马上补货

缺点：
- 时时看守生产线，费时、费力
- 无规律，易犯错
- 问题被掩盖，难改善
- 搬运工易疲劳
- 缺料或堆积

优点：
- 操作方便，有固定的循环时间、循环路线和起始点
- 很少出现缺料和送错料现象
- 员工轻松

缺点：
- 对混流生产线难控制

"蜘蛛人"的五步法！

01 选定区域和配送流程
- 站点
- 距离

02 统计送货的循环时间
- 配料时间
- 运输时间
- 搬运时间
- 节拍时间

03 计算蜘蛛人需求数量
- 循环时间/节拍时间

04 设计运输的最优路线
- 装载物料容器
- 线边最低库存

05 确定运输工具
- 人
- 运输车（AGV等）

水蜘蛛

准备
- 确定范围
- 项目人员
- 设定达成目标
- 客户需求变化

实施
- 定义水蜘蛛的路线
- 计算作业负荷
- 确定实施目标
- 水蜘蛛上料频率
- 水蜘蛛工具

改善
- 线边库存改善
- 水蜘蛛培训管理
- 作业可视化管理

43. 利特尔法则：了解最低库存量

利特尔法则

利特尔法则由麻省理工大学斯隆商学院（MIT Sloan School of Management）的教授 John Little，于 1961 年所提出与证明。其英文名称为：Little's Law. 它是一个有关前置期与在制品关系的简单数学公式。

在一个稳定的系统中，长时间观察到的平均顾客数量 L，等于长时间观察到的有效到达速率 λ 与平均每个顾客在系统中花费的时间之乘积，即 $L = \lambda W$。

利特尔法则也可以表述为：
前置期（Lead Time）= 存货数量 × 生产节拍

库存是负债，所以库存应该越小越好；但是库存可以应对扰动，以防止扰动影响系统的稳定运行，如何使用利特尔法则确定最优库存量？

最优库存量，企业知多少？

$$库存数量 = \frac{交货期 \Rightarrow 工艺时间}{生产节拍 \Rightarrow 瓶颈时间}$$

$$最优库存数量 = \frac{工艺时间}{瓶颈时间}$$

工艺时间：所有工位周期时间的总和，也就是一个产品经过流水线从头到尾所需要的时间

举个例子

工序 1	工序 2	瓶颈工序 3	工序 4
周期时间：3 分钟	周期时间：3 分钟	周期时间：5 分钟	周期时间：4 分钟

最优库存数量 =（3+3+5+4）/5=3（库存）

如果在制品的数量小于 3 个，那么系统不可能以 5 分钟每个的稳定速度输出。利特尔法则给出了库存的极限最小值，但现实中需要考虑扰动对系统的影响，会有少许安全库存作为缓冲。根据实际生产情况，减少安全库存是改善的一个重点方向。

44. 鼓—缓冲—绳：鼓点决定了行军速度

咱们去远足，谁也不能掉队，一起走到终点

刚走一段，行军的队伍就拉得很长了！

小强走得最快

小丽走得最慢→瓶颈

改变策略：把走得最快的小强安排在了队伍的最后。这样一来，走得快的小朋友没办法超越前面的人，便只好想办法怎么帮助其他小朋友提高速度。这样使队伍行走速度得到了大幅提升。

这个故事来自高德拉特博士为推广约束理论的《目标》一书。它很好地阐述了DBR模型的结构。

用最弱来同步最强！

鼓—缓冲—绳（DBR）

DBR 是约束理论（TOC）在制造工厂排程时的一个应用。是对瓶颈环节进行有效地控制，使其余环节与瓶颈同步的有效方法。

- 鼓（Drum）：好比行军中打鼓的士兵，他的鼓点节奏决定了行军的速度。故事中小丽就是队伍中的 Drum。以生产系统为例，鼓就是瓶颈工序的节奏，排程应以瓶颈来决定整个系统的生产节奏。

- 缓冲器（Buffer）：为了保证瓶颈产能的最大化而在瓶颈前面设置的缓冲。可分为时间缓冲和库存缓冲。

- 绳子（Rope）：通过一根看不见的绳子把队伍"约束"起来，起到传递的作用，驱动系统所有部分按照"鼓"的节奏进行生产。

45. 库存可供应天数：衡量库存的标尺

> 物料供应不上！如果保持每天的平均出货量，当前的库存物料可以维持多少天？

仓库

库存可供应天数 –DOS

库存可供应天数 DOS（Days of Stock or Days of Supply）是指整个制作过程中能支撑制造运营所需天数的物料数量。它的单位是天，但其实是根据平均每日出货量计算所得。如果库存相当，但平均每日出货量不同，就会得到不同的 DOS 天数。所以它是一个数量概念，而不是时间概念，这跟工艺时间有本质区别。

$$库存可供应天数（DOS）= \frac{库存的数量}{平均每日出货量}$$

$$库存可供应天数（DOS）= \frac{365（天）}{库存周转率（ITO）}$$

计算库存有方法可循

多少库存才是合理的？

堆积库存
- 公司资金压力大
- 占用大量存储空间
- 受市场波动影响大

库存少
- 担心物料不够，不能及时出货

标准库存量 = 每天平均需求 × 前置时间 + 安全库存

每天平均需求
- 以客户原来的需求来预测未来的需求
- 简称 DGR：Daily Goods Request

前置时间
- 相邻的两次订货所需间隔的时间 + 货物在途时间
- 前置时间等于 DOS 时得出的是最佳库存

安全库存
- 考虑货期延迟因素影响
- 考虑特殊需求因素

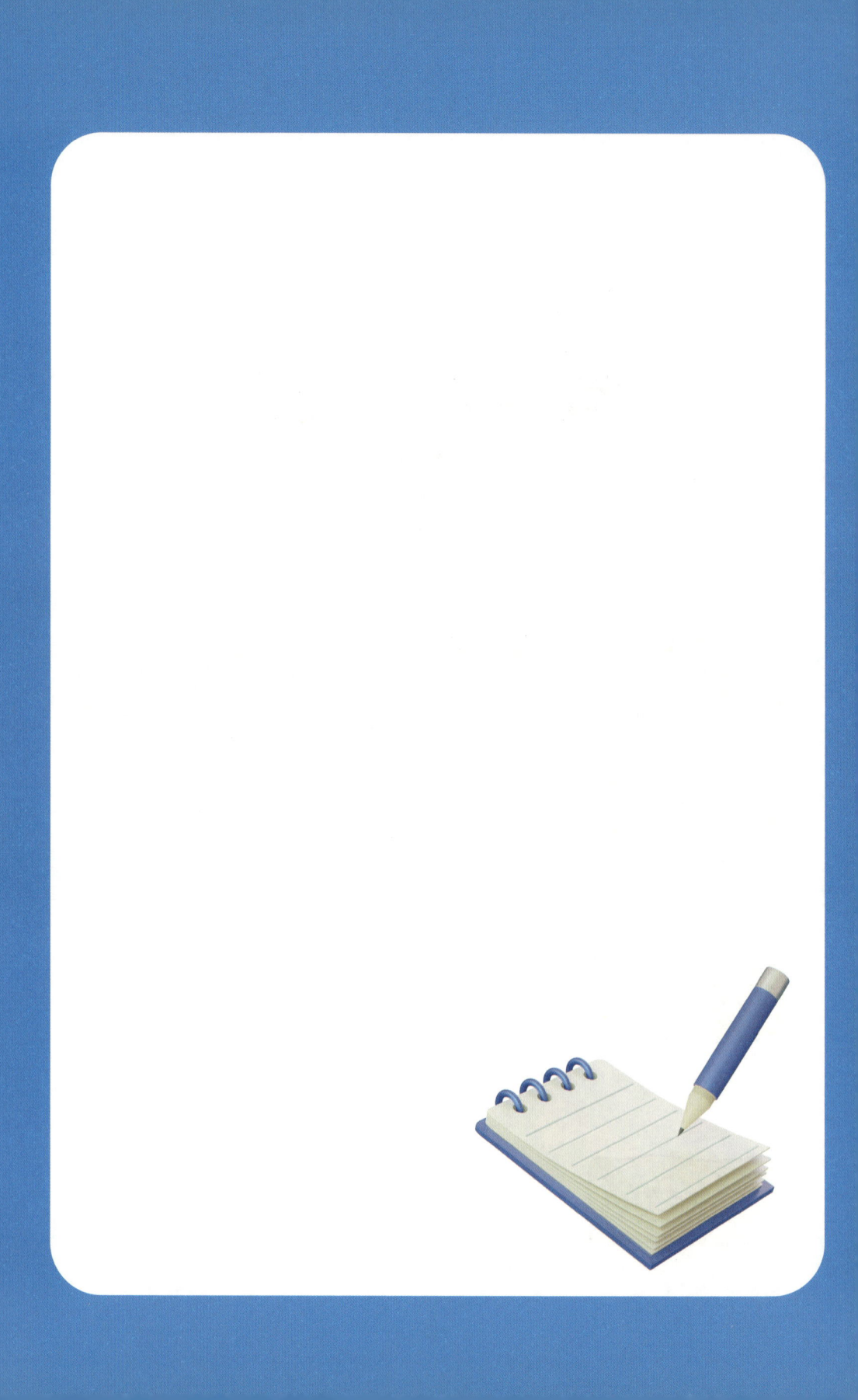

第六章：机器效率

　　向机器设备要效率可以有效地提升产能，提升生产的灵活度，和客户接单的能力。向机器要效率也是提升设备投资回报率的常用方法，设备综合效率的提升可以有效地减少设备的资金投入。

　　从简单的工装夹具到智能制造都离不开机器效率的提升，特别是在智能制造时代，如果能在设计阶段就导入精益的概念，那么整个机器设备的设计就具备了效率优化的能力。而且机器效率的提升不仅限于机器本身，也包含了人机交互效率的提升。

机器效率的提升是从简单到智能，从实践到理论

　　"简易自动化"的特点在于简单，通过一些基本的力学、电子学、化学等原理就可以设计出减少员工工作量的简易装置，因此特别受员工的喜爱。"自动化"可以取代员工，能够大规模提升产能。"智能制造"则把自动化提升到智能的程度，通过数字化、机器学习等技术实现人工智能。

　　"FMEA"失效分析模式能够在机器的设计阶段就开始规避机器设备的故障。"防错模式"能够实现防呆的效果，生产不会出错。"安灯系统"能够在出现问题时果断地停止生产线，保证产品质量，减少废品。

　　"快速换模"简单实用，可以有效减少换模时间，为小批量柔性生产提供条件。"设备综合效率"可以完整地分析机器设备的效率构成，找到改善提升的切入点。"全员生产维护"从平时就做好机器设备的保养工作。

46. 简易自动化：减少工作量的利器

提到**自动化**，大家首先就想到高科技、高端设备、替代人工作等，感觉很先进。

简易自动化 LCIA（Low Cost Intelligent Automation）
将自动化技术结合精益生产的理念，应用机械、气动、电气、电子和光电等简单技术手段，并加入作业员想法和智慧后开发出低投资成本的生产线、设备及夹具。

区别自动化和简易自动化：

比较项目	简易自动化	自动化
成本	低	高
对象	使用设备的人所需要面对和思考的问题	设备
条件	小批量柔性生产	大批量生产
目标	追求人和设备的最佳组合	追求设备的最高效率

LCIA 的特点：

1. 成本低，风险小：结构简单，成本低廉

2. 柔性强，易维护：设备简单小巧，功能专用，更换方便

3. 质量好，效率高：追求人和设备的最佳组合，充分发挥人的智慧

4. 周期短，响应快：更换时间短，采用通用部件和专用装置

解决员工的痛点是关键

LCIA 改善思考路径

区分改善	寻找员工痛点	例如：搬运、工具拿取等一直困扰员工的事情
	思考困扰点	

选择装置	把握动作现状，选择对应的装置，例如：利用弹簧自我复位或选择轴承、滑轮等机械装置

决定动力源	利用重力、压力或其他力来省力 例如：利用重力来移动物料、盒子或产品

动力转化成动作	搭建力的传输机，运用杠杆、连杆、齿轮等传输设备把一些动作连接起来

简易自动化推进步骤

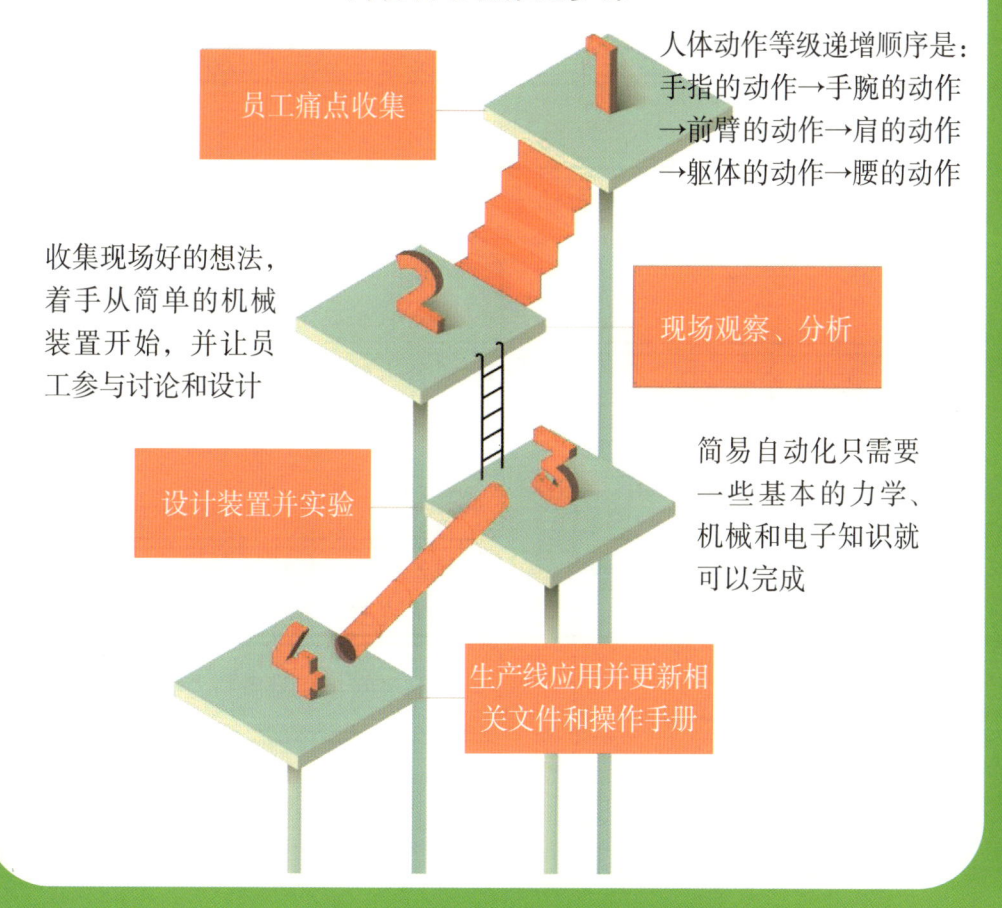

1. 员工痛点收集
2. 现场观察、分析
3. 设计装置并实验
4. 生产线应用并更新相关文件和操作手册

收集现场好的想法，着手从简单的机械装置开始，并让员工参与讨论和设计

人体动作等级递增顺序是：手指的动作→手腕的动作→前臂的动作→肩的动作→躯体的动作→腰的动作

简易自动化只需要一些基本的力学、机械和电子知识就可以完成

47. 自动化：重复的劳动我来做

自动化（Automation）是指机器设备、系统或过程（生产、管理过程）在没有人或较少人的直接参与下，按照要求，经过自动检测、信息处理、分析判断、操纵控制，实现预期目标的过程。

自动化有三个方面的含义：①代替人的体力劳动；②代替或辅助人的脑力劳动；③制造系统中人机及整个系统的协调、管理、控制和优化。

自动化	
优势	劣势
1. 替代人工繁重的工作	1. 机器一旦出现故障，对质量和产量影响比较大
2. 可在恶劣危险的工作环境中使用	2. 移动比较困难
3. 快速、高效、精确、重复性高	3. 机器工位一旦成为瓶颈，很难马上克服
	4. 产品升级换代导致机器失效
4. 大批量生产	5. 投资大，需要计算投资回报率

自动化增强人类认识和改造世界的能力

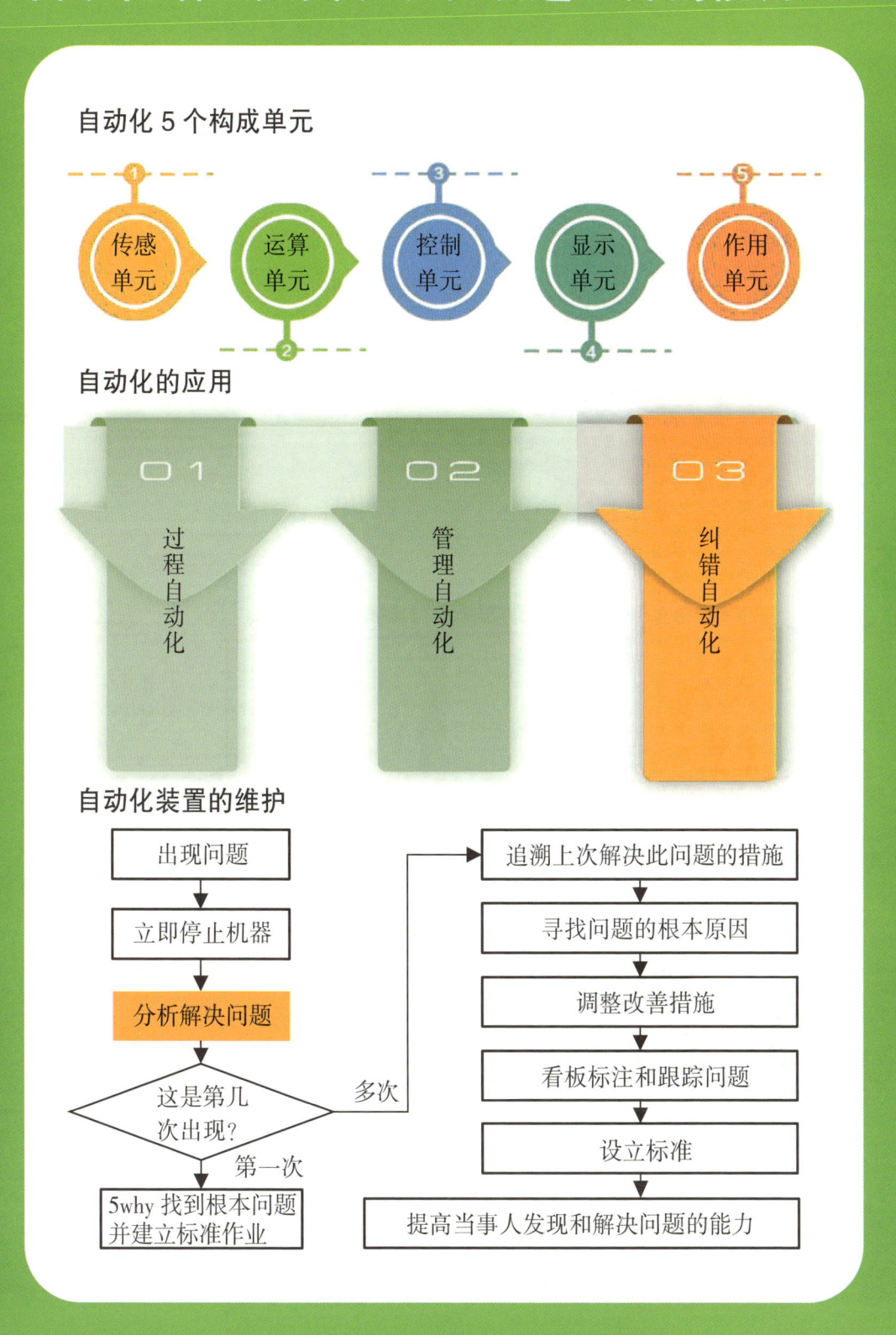

自动化5个构成单元

1. 传感单元
2. 运算单元
3. 控制单元
4. 显示单元
5. 作用单元

自动化的应用

- **01** 过程自动化
- **02** 管理自动化
- **03** 纠错自动化

自动化装置的维护

出现问题 → 立即停止机器 → 分析解决问题 → 这是第几次出现？

- 第一次：5why 找到根本问题并建立标准作业
- 多次：追溯上次解决此问题的措施 → 寻找问题的根本原因 → 调整改善措施 → 看板标注和跟踪问题 → 设立标准 → 提高当事人发现和解决问题的能力

48. 智能制造：跟上时代的发展趋势

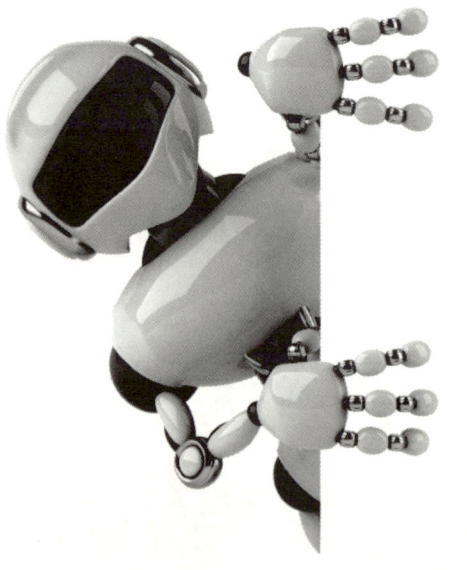

智能制造是一种由智能机器和人类专家共同组成的人机一体化智能系统，在制造过程中能进行智能活动，诸如分析、推理、判断、构思和决策等。

| 工业 1.0 机械化 | 工业 2.0 电气化 | 工业 3.0 数字化 | 工业 4.0 智能化 |

智能化：
- 具有感知能力
- 具有记忆能力
- 具有学习能力
- 具有优化能力

通过人工智能、大数据、物联网等先进技术，使系统、设备和流程具备自感知、自适应、自学习和自优化的思维能力。智能化不仅是技术的集成，更是将这些技术深度融合到系统中，使其能够独立处理复杂情况，甚至根据数据做出智能决策。

智能制造的共同语言

智能制造特点

- **柔性** 让制造系统更加敏捷和柔性
- **绿色** 更少地消耗能源和资源
- **智能** 能够与工人更好地配合
- **高效** 快速解决问题，提高生产效率
- **协同** 实现工厂内各部门相互协同
- **透明** 使原本不可见的设备衰退、质量风险、资源浪费等问题变得可见，并通过测试性手段加以避免

智能制造发展前景

1. 人工智能技术	计算机模拟制造业人类专家的智能活动，从而取代或延伸人的部分脑力活动
2. 并行工程	集成地、并行地设计产品及其相关过程的系统化工作模式
3. 信息网络技术	是制造系统和各个环节智能集成的有效支撑
4. 虚拟制造技术	模拟产品的整个生产周期，从而实现开发周期最短、成本最低、质量最优、效率最高
5. 自律能力构筑	收集信息进行分析判断和规划自身行为能力
6. 人机一体化	在智能机器的配合下，更好发挥人的潜能，达到一种相互协作、平等共事的关系

49. FMEA：失效模式分析让你有备而来

早知道……，就不会……！

有些"早知道"是必需的！有些"就不会"是不允许发生的。有效运用FMEA可减少事后追悔！

我先……，就没有……！

有效运用FMEA可强化事先预防。

什么是FMEA？

FMEA– Failure Mode and Effect Analysis
潜在失效模式和后果分析

在产品或设备设计阶段和过程设计阶段，对构成产品的子系统、零件，对构成过程的各道工序逐一进行分析，找出所有潜在的失效模式，并分析其可能的后果，从而预先采取必要的措施，以提高产品的质量和可靠性的一种系统化的活动。

风险程度定性分析方法

FMEA 的目的是什么？

- 预防问题发生，是"事前的预防"而不是"事后的追悔"
- 事先花时间进行 FMEA 分析，降低事后修改的成本
- 帮助识别和分析风险，是预防缺陷的有效工具
- 是永无止境的改善过程

如何进行 FMEA？

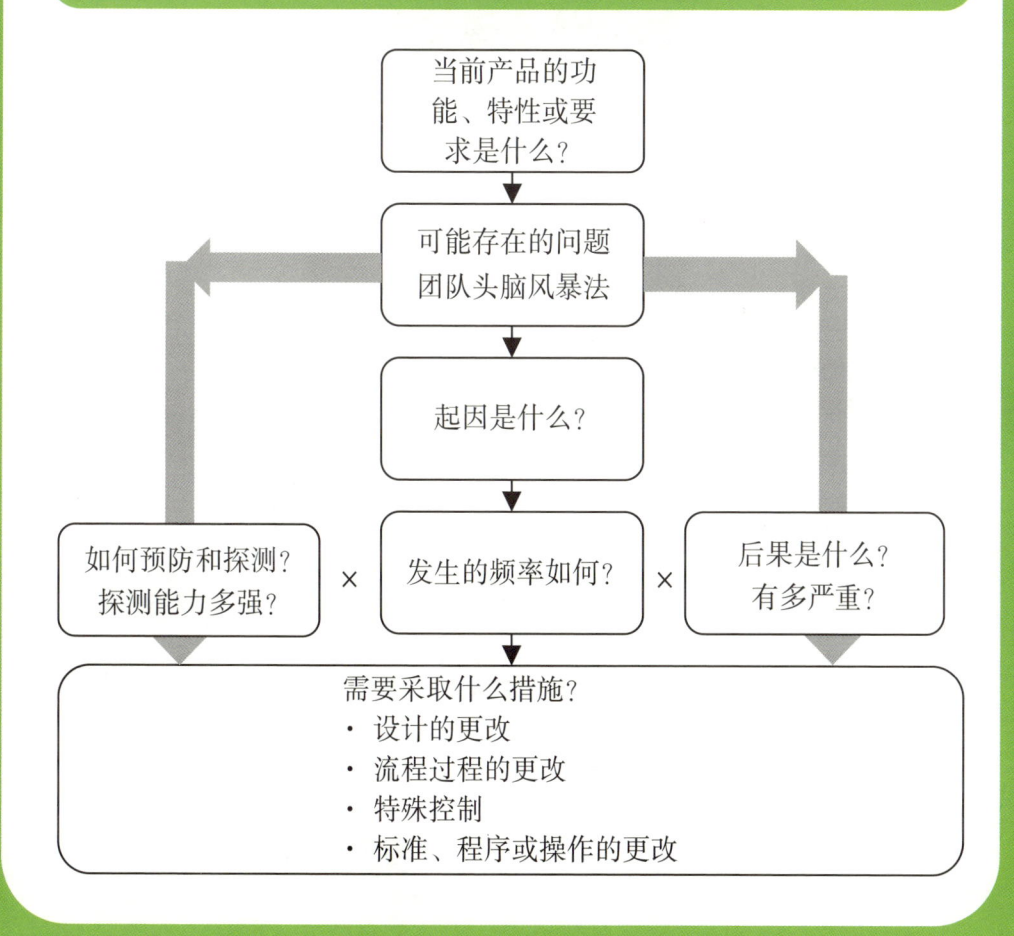

```
当前产品的功能、特性或要求是什么？
         ↓
可能存在的问题
团队头脑风暴法
         ↓
    起因是什么？
         ↓
如何预防和探测？    发生的频率如何？    后果是什么？
探测能力多强？   ×                  ×   有多严重？
         ↓
需要采取什么措施？
· 设计的更改
· 流程过程的更改
· 特殊控制
· 标准、程序或操作的更改
```

50. 防错模式：如何第一次就把事情做对？

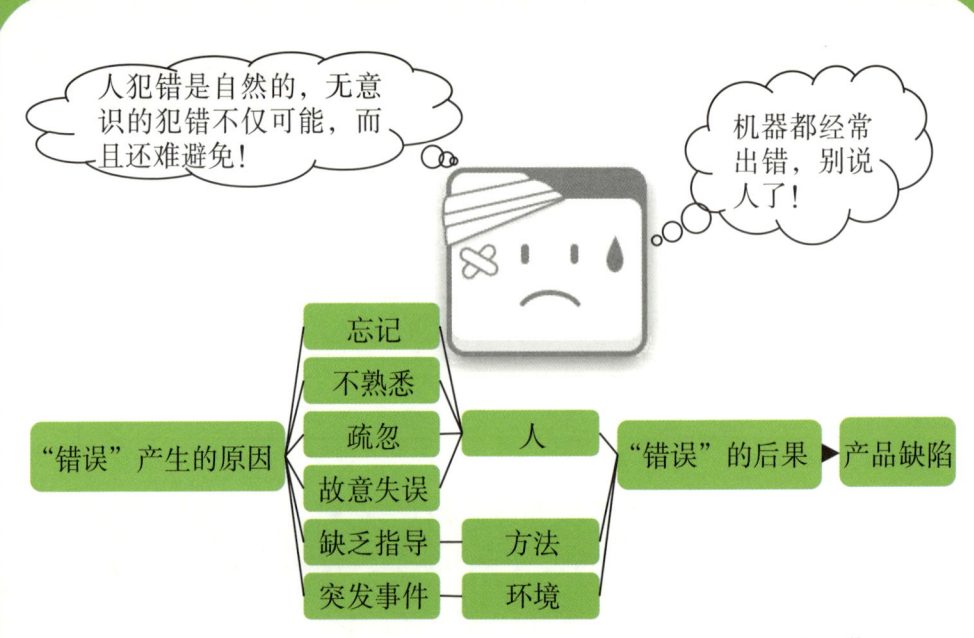

人犯错是自然的，无意识的犯错不仅可能，而且还难避免！

机器都经常出错，别说人了！

"错误"产生的原因：
- 忘记
- 不熟悉
- 疏忽 ── 人
- 故意失误
- 缺乏指导 ── 方法
- 突发事件 ── 环境

"错误"的后果 → 产品缺陷

防错，也叫防呆，是指通过设计、工艺改进或管理手段，防止作业过程中出现人为错误的机制。有以下三个主要特点：

预防性：
在错误发生之前预防错误，通过设计和工艺上的改进，使操作人员在作业时很难犯错。

简单易用：
设计通常简单直观，方便操作人员在生产过程中自动遵循正确的步骤，而不需要额外的培训或复杂操作。

实时反馈和检测：
包含检测机制，以便在发生错误时能够及时识别并立即反馈。

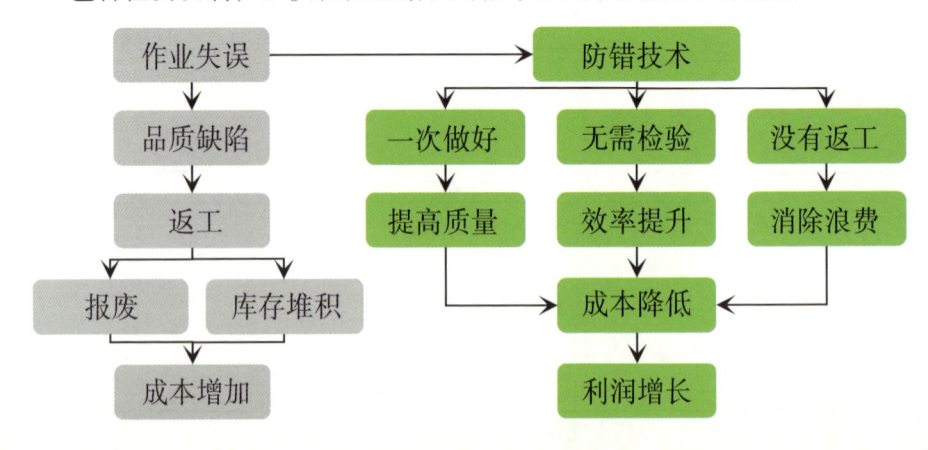

作业失误 → 品质缺陷 → 返工 → 报废 / 库存堆积 → 成本增加

防错技术 → 一次做好（提高质量）/ 无需检验（效率提升）/ 没有返工（消除浪费）→ 成本降低 → 利润增长

一种以追求零缺陷为目的的理念和手段！

防错的思路

- **减少**：控制失误，将失误影响降到最低
- **检测**：自动提示，防止缺陷的产生和扩大化
- **简化**：合并生产步骤，使作业更容易完成
- **替代**：用更可靠的方法代替目前的过程，以降低失误
- **消除**：通过产品及制造过程的重新设计，施以防错方法，消除失误的可能性

防错十原理：

1. 断根原理	把导致对象可能出现错误的根本原因去除掉
2. 保险原理	多个条件同时满足时才能触发动作或行动
3. 顺序原理	给对象以顺序的标示，从而起到提示的作用
4. 层别原理	充分运用各种感官将不同作业进行区分
5. 警告原理	当对象没有达到要求时，系统发出提醒
6. 复制原理	把正确的对象复制一份，实现无差别
7. 隔离原理	将可能冲突或混淆的对象在时间和空间上分开
8. 缓和原理	通过各种方式减少错误发生带来的危害
9. 相符原理	通过比较拒绝错误，当对象符合标准则通过或匹配
10. 自动原理	以光学、电学、机械学等来限制动作的执行和不执行

51. 安灯系统：永不停止的生产线是好还是坏？

在人员方面

安灯系统
当出现异常情况时，员工自动发出信号以寻求帮助。授权员工可以按下按钮或拉动绳索使整条组装线停止作业。

防错系统
机器设有可探测异常状况，且当探测到异常时自动停止机器运转的装置。

在机器方面

应对异常——安灯系统

- 员工发现生产线有异常
- 拉下安灯绳
- 电子信息显示板显示异常，黄灯亮起并发出求救信号
- 线长或主管立即来到现场，帮助员工解决问题

- 问题不能解决，这条生产线停止运行，黄灯变红灯
- 相关人员和经理立即到现场解决问题
- 每周/月分析停线数据

- 问题已解决，线长拉下安灯绳，黄灯变绿灯

问题再次发生？
- No
- Yes → 团队找出根本问题 → 标准作业

安灯：倒逼你改善

安灯系统的目的：

使问题浮现，让大家看到问题，并立即找出对策以免再次发生。

- ✓ 防止缺陷发生或传递到下一道工序；
- ✓ 发生异常情况时，寻求帮助；
- ✓ 推动管理和队伍到现场了解问题并采取措施；
- ✓ 收集数据，确定问题在哪个位置发生的频率是最高的；
- ✓ 交流运作状态信息。

什么情况下可以拉安灯？

- ✓ 安全问题
- ✓ 发现缺料和送错物料
- ✓ 找不到工具
- ✓ 发现坏的或有缺陷的零件
- ✓ 在节拍时间内无法完成
- ✓ 其他不确定因素

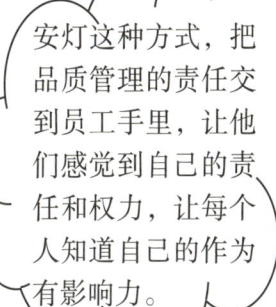

> 安灯这种方式，把品质管理的责任交到员工手里，让他们感觉到自己的责任和权力，让每个人知道自己的作为有影响力。

安灯相应的各级支持关系

> 思考题：为什么丰田的汽车线可以实现安灯，但我们很困难？

级别	支持关系	作用
班组成员	发现问题寻求帮助	安灯系统
班组长	支持快速响应	找到问题
线长	支持快速响应	解决问题
主管	支持快速响应	做出决策
管理层		

安灯系统中各个级别的支持关系显示，班组员工在倒三角的顶部，下方全部属于支持人员，当班组成员需要帮助拉下安灯，班组长立即支持，当问题难以处理时，他将寻求线长支持，并按升级程序逐级寻求支持。

52. 快速换模：从切换中找效率！

什么是快速换模？

换模时间：从前一品种最后一个合格产品，到下一品种第一个合格产品之间的时间间隔。

内部时间：在机器停机时进行的操作

快速换模（SMED）"六十秒即时换模"
- 在 50 年代初期起源于日本
- 由新乡重夫在丰田企业发展起来
- S-single 的意思是小于 10 分钟
- 是一种快速有效的切换方法
- 极大地缩短产品切换时间

外部时间：在机器开机时进行的操作

产品 A ←——— 换模时间 ———→ 产品 B

| 准备时间 | 换模操作时间 | 调整时间 | 整理 |

外部时间　内部时间　外部时间

为什么要快速换模？

1. **消除瓶颈**：使工作迅速流到下游工序

2. **降低库存**：使其更快转换成现金

3. **快速交付**：缩短生产周期时间

F1 赛车更换轮胎只需 1.92 秒！用的就是快速换模方法。

4. **客户满意**：小批量运行满足客户多样需求

5. **灵活生产**：在不同产品之间随意切换

有效地运用 SMED，一般可以省 50% 的换模时间！

降低成本的一种有效方法！

快速换模是一种以团队为基础的工作改进方式，可显著地缩短设备或模具的安装、调整，即换模所需的时间。

快速换模的步骤和方法

- 现状测量
- 分离内部和外部作业
- 内部作业转换外部作业
- 找出并行作业
- 优化内部和外部作业
- 实施短期计划
- 确认效果和中长期计划
- 标准化作业流程

快速换模的7个应用法则

双脚勿动
- 缩短换模时间
- 不寻找
- 不移动
- 不多使用其他工具

一转既定
- 利用最省时操作完成
- 简化安装和操作

并行操作
- 分析切换作业
- 串行作业顺序调整为并行作业
- 切换时增加人员进行并行操作大大缩短切换时间

专用工具
- 量身定制
- 专用量具
- 快速定位

事前准备
- 一定是外部作业
- 一定要有指导书

剔除螺丝
- 螺丝拧紧耗费时间
- 紧固需要快速切换
- 采取压杆或卡式插销

标准化
- 落实标准是最关键一步
- 有标准切换指导作业书
- 可视化管理
- 确保切换可持续

53. 设备综合效率：让设备飞起来！

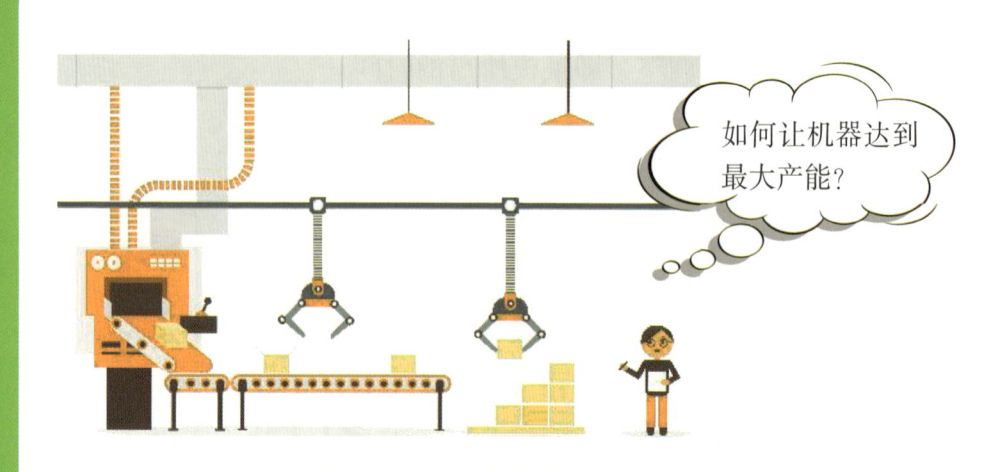

> 如何让机器达到最大产能？

设备综合效率
OEE（Overall Equipment Effectiveness）

设备综合效率是机器有效产出总体性能的衡量手段，它是实际生产能力相对于理论产能的比率，即实际合格产出与理论产出的比值。

设备效率指标

- **设备综合效率（OEE）**
  衡量机器整体性能的指标

- **平均故障间隔时间（MTBF）**
  衡量机器稳定性的指标

- **平均故障修复时间（MTTR）**
  衡量系统维护保养的指标

$$OEE = \frac{实际合格产出}{理论产出}$$

$$MTBF = \frac{整体运转时间}{停机次数}$$

$$MTTR = \frac{\Sigma 故障修复时间}{故障次数}$$

搞懂设备的六大损失，效率提升就很容易了

设备的六大损失

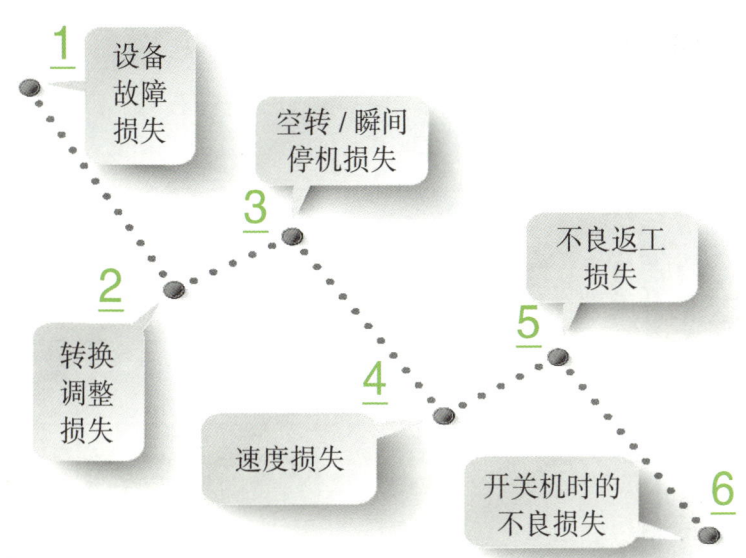

1. 设备故障损失
2. 转换调整损失
3. 空转/瞬间停机损失
4. 速度损失
5. 不良返工损失
6. 开关机时的不良损失

时间去哪里了？

总作业时间				设备利用率 =	$\dfrac{负荷时间}{总作业时间}$
负荷时间			计划停机时间		
稼(开)动时间		停机损失	1. 设备故障 2. 转换调整	时间利用率 =	$\dfrac{稼动时间}{负荷时间}$
净稼动时间	性能损失		3. 空转/瞬间停机 4. 速度损失	设备性能率 =	$\dfrac{净稼动时间}{稼动时间}$
价值时间	缺陷损失		5. 不良返工损失 6. 开关机时的不良损失	产品合格率 =	$\dfrac{合格品数}{加工数量}$

设备综合效率 OEE = 时间利用率（AE）× 设备性能率（PE）× 产品合格率（QE）

$$公式（一）= \frac{稼动时间}{负荷时间} \times \frac{净稼动时间}{稼动时间} \times \frac{合格品数}{加工数量}$$

$$= \frac{\cancel{稼动时间}}{负荷时间} \times \frac{理论周期时间 \times \cancel{加工数量}}{\cancel{稼动时间}} \times \frac{合格品数}{\cancel{加工数量}}$$

$$公式（二）= \frac{理论加工时间 \times 合格品数}{负荷时间}$$

54. 全员生产维护：一定要发动群众的力量！

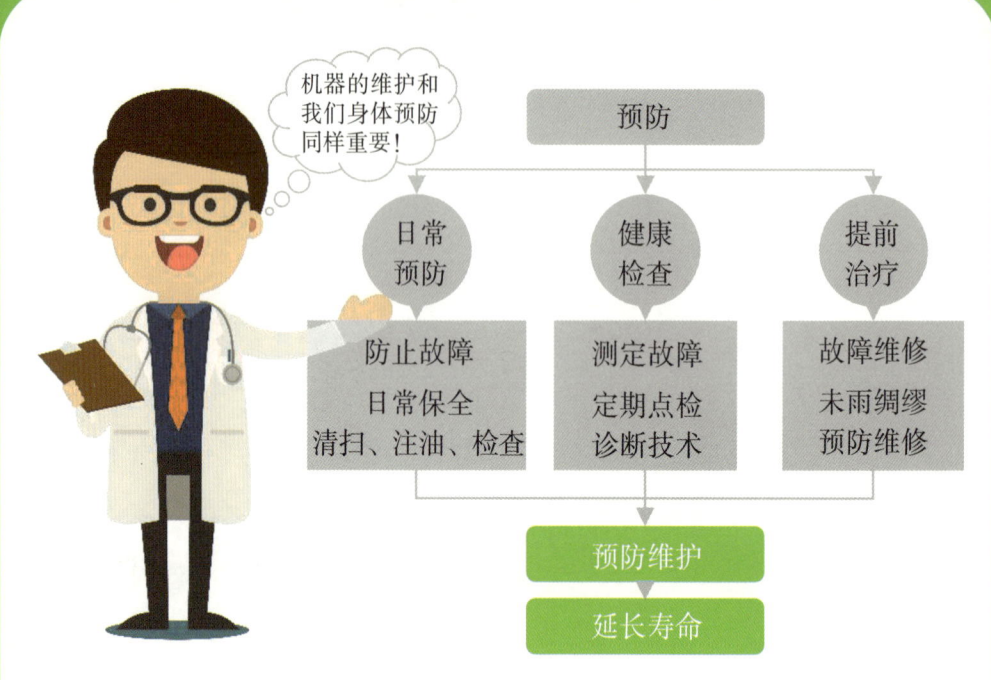

机器的维护和我们身体预防同样重要！

```
         预防
    ↓     ↓     ↓
  日常   健康   提前
  预防   检查   治疗
    ↓     ↓     ↓
 防止故障 测定故障 故障维修
 日常保全 定期点检 未雨绸缪
清扫、注油、检查 诊断技术 预防维修
         ↓
       预防维护
         ↓
       延长寿命
```

全员生产维护 –TPM

Total Productive Maintenance

是以提高设备综合效率为目标，以全系统的预防维修为过程，以全体人员参与为基础的设备保养和维修管理体系。

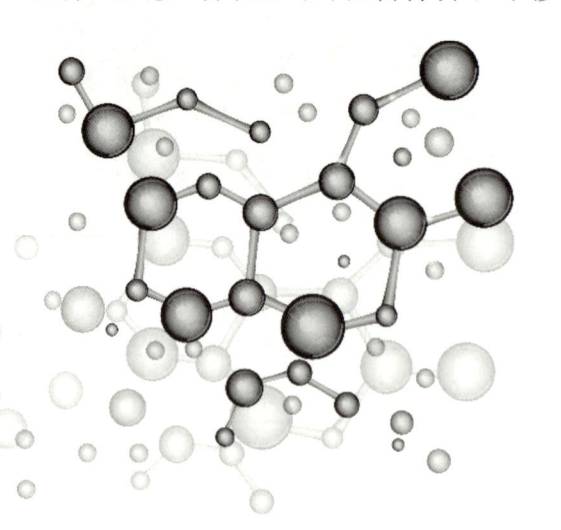

机器保养会造成停机，但是这样的停机是在计划中的。计划停机可以有效减少非计划停机的影响，同时提升机器运行时的稳定性和产品质量。

机器需要日常维护！

全员生产维护的含义
- 实现设备的综合管理效率即 OEE 的持续改进
- 搭建能防止设备所有不良、浪费和灾害的体系
- 从最高领导到一线员工，全员参与
- 从生产部门开始实施，逐渐发展到开发、管理等所有部门

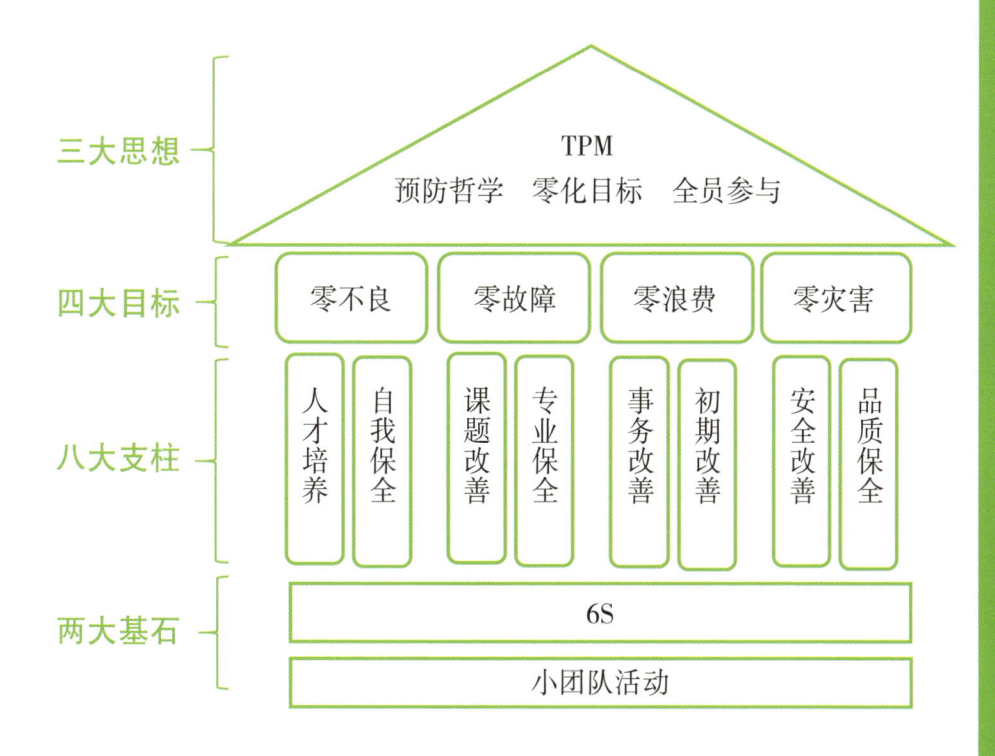

三大思想：TPM　预防哲学　零化目标　全员参与

四大目标：零不良　零故障　零浪费　零灾害

八大支柱：人才培养　自我保全　课题改善　专业保全　事务改善　初期改善　安全改善　品质保全

两大基石：6S　小团队活动

第七章：改善手法

改善最关键的一步是解决问题。了解问题、分析问题、解决问题的能力往往能助推改善文化形成。员工在解决问题的过程中体验喜悦并获得成长。因此掌握解决问题的手法、提升解决问题的能力至关重要。

解决问题的手法有很多，针对不同的问题，有不同的对策。钉子用锤子，螺丝用起子，找到匹配的工具非常重要。

改善常用的小型工具箱

"品管七大手法"是早期统计管制中比较常用的基本方法，即使在解决问题的理论高速发展的今天，这些手法还是相当管用。"六西格玛"在摩托罗拉发扬光大，是质量控制常用的理论。"约束理论"由高德拉特发明，通过解决系统的瓶颈来提升系统的性能。六西格玛、约束理论和精益理念一起应用有非常好的改善效果。

"PDCA"是一个解决问题的基本框架，通过计划、执行、检查、处理四个步骤完成一个改善循环。PDCA可以呈螺旋状上升。"五问法"就是打破砂锅问到底，通过逻辑关系找到问题的根本原因。"5W2H"从七个维度对问题进行综合分析和研究。

"A3报告"是一种报告的格式，也是一种解决问题的思维模式。报告简明扼要，就是在无纸化盛行的今天，A3报告还是发挥着组织思维的能力。"8D"从8个方面构建一个彻底解决问题并提升团队精神的框架。"TRIZ"从理论的高度为解决问题提供全面的参考。

55. 品管七大手法：质量改善通行证

品质管控〔（Quality Control），简称 QC〕

1 — 质量计划
2 — 质量控制
3 — 质量改进

品质管控三部曲

品质管控常用的七大手法

手法	说明
检查表	整理数据，掌握问题
层别法	从不同的角度分层发现问题
因果图	寻找引发结果的原因
散布图	判断两个变量之间是否存在某种关系
柏拉图	寻找主要问题或影响质量的主要原因
直方图	显示数据的分布，了解数据的集中趋势、离散程度
控制图	对生产过程中产品质量状况进行实时控制的统计

品管 QC 七大手法的应用

- ☐ 侧重统计分析
- ☐ 针对问题发生后的改善
- ☐ 主管、中层管理者要掌握
- ☐ 生产相关领域

问题的基本分析方法！

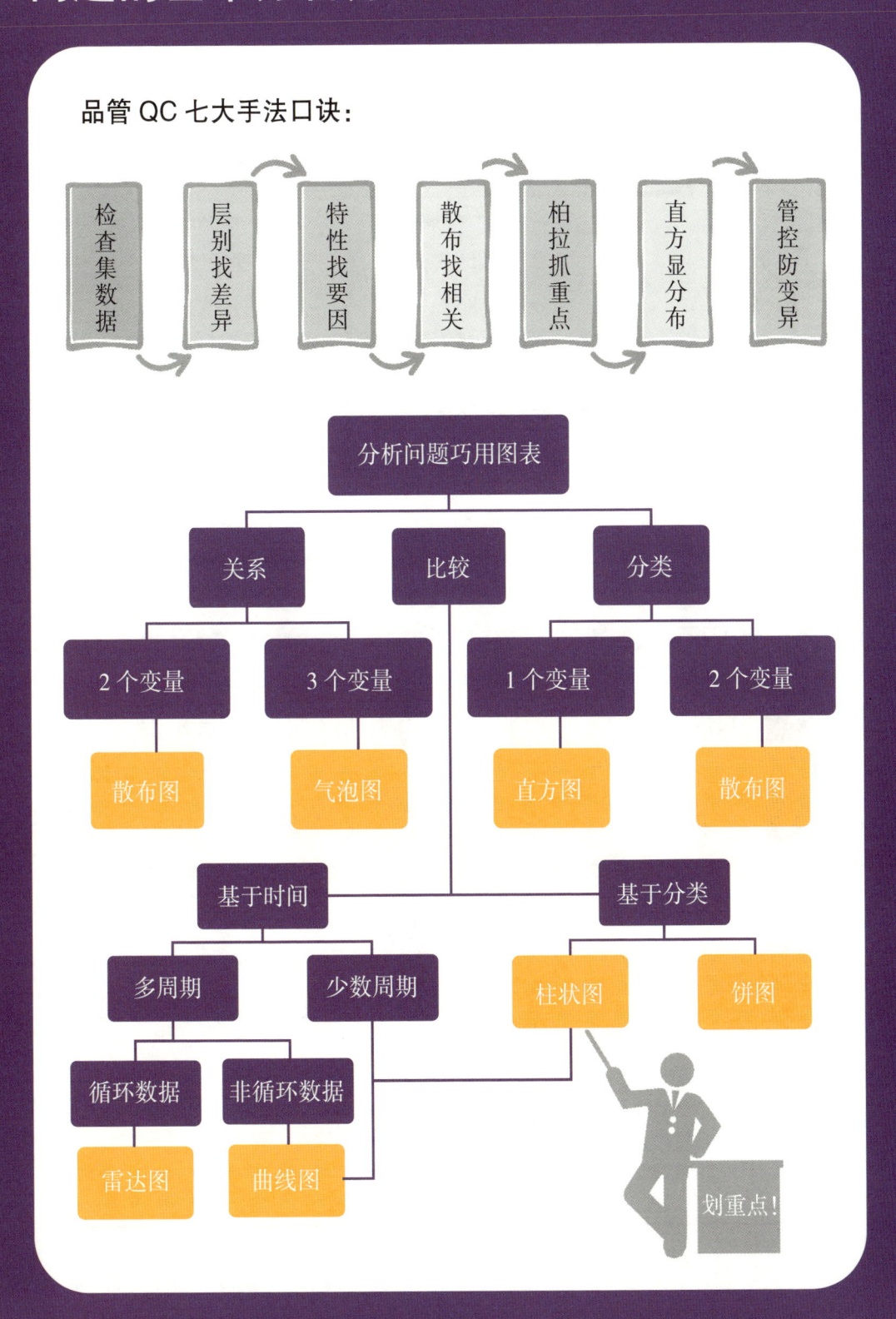

品管 QC 七大手法口诀：

检查集数据 → 层别找差异 → 特性找要因 → 散布找相关 → 柏拉抓重点 → 直方显分布 → 管控防变异

```
              分析问题巧用图表
        ┌──────────┼──────────┐
       关系        比较       分类
      ┌──┴──┐    ┌──┴──┐
   2个变量 3个变量 1个变量 2个变量
     │     │       │      │
   散布图 气泡图  直方图  散布图

         基于时间          基于分类
        ┌──┴──┐          ┌──┴──┐
     多周期 少数周期     柱状图  饼图
       │      │
    循环数据 非循环数据
       │      │
     雷达图  曲线图
```

划重点！

56. 六西格玛：提升品质的必备工具

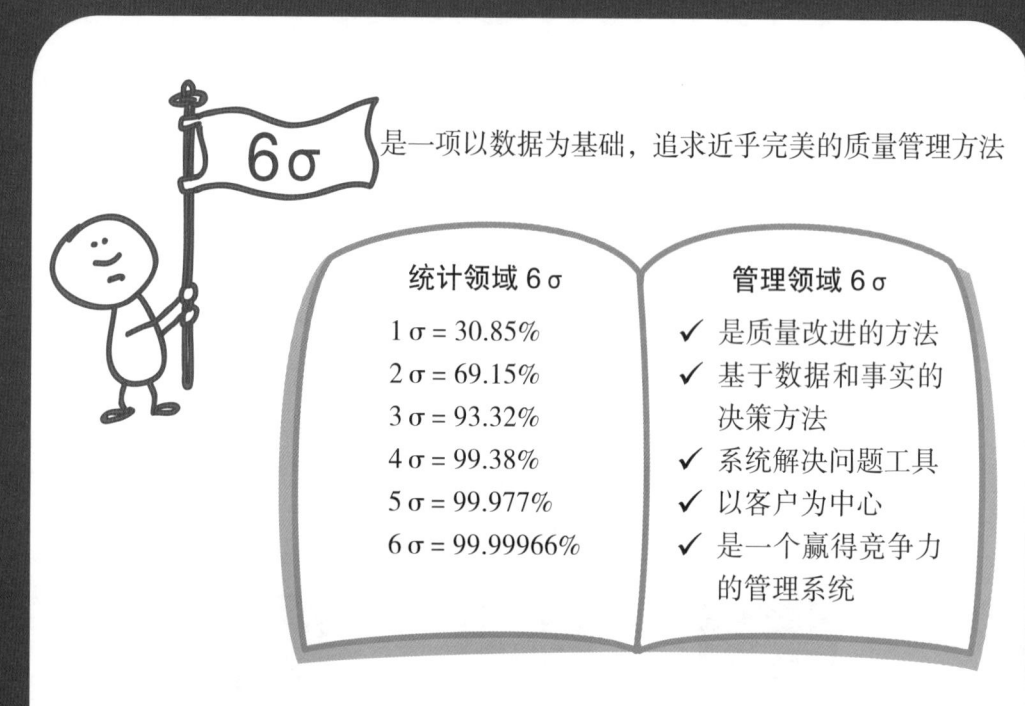

6σ 是一项以数据为基础，追求近乎完美的质量管理方法

统计领域 6σ	管理领域 6σ
1σ = 30.85%	✓ 是质量改进的方法
2σ = 69.15%	✓ 基于数据和事实的决策方法
3σ = 93.32%	✓ 系统解决问题工具
4σ = 99.38%	✓ 以客户为中心
5σ = 99.977%	✓ 是一个赢得竞争力的管理系统
6σ = 99.99966%	

6σ 的六个基本要素

1. 以流程为重
2. 以关心顾客为中心
3. 由数据和事实驱动管理
4. 追求完美，同时容忍失败
5. 团队通力合作
6. 有预见的积极管理

6σ 的推广

6σ 是一种数据驱动的质量管理方法，旨在通过减少过程中的变异，提高产品和服务的质量。企业预测可能发生问题，通过预先关注质量而获得一种主动权，而不是被动地对质量问题做出反应。

DMAIC 五步法

流程改善的五步骤 –DMAIC

第一步：界定 Define

阶段任务：界定问题，找出关键质量特征（CTQ）

使用工具：KANO 模型分析、QFD、帕累托

第二步：测量 Measure

阶段任务：测量系统分析，收集数据

使用工具：流程图、因果图、直方图、FMEA

第三步：分析 Analyze

阶段任务：统计推断分析，确定关键因素

使用工具：图表分析、假设检验、回归分析

第四步：改善 Improve

阶段任务：优化关键因素，实施突破改进

使用工具：实验设计（DOE）

第五步：控制 Control

阶段任务：制订控制计划，动态跟踪控制

使用工具：控制计划、统计过程控制（SPC）

57. 制约理论：提升效率，要从瓶颈开始

- 系统的改善≠各环节改善之和
- 部分环节的改善无助于整个系统的改善
- 系统的有效产出决定于其中薄弱的环节

什么是约束理论？TOC–Theory of Constraints

约束理论（Theory of Constraints，简称TOC）是由埃利·高德拉特（Eliyahu M. Goldratt）提出的一种管理理论。其核心思想是，任何复杂系统的整体绩效都受制于少数几个关键的制约因素（即瓶颈或约束）。通过识别并优化这些制约因素，可以显著提升系统的效率和效果。

约束理论的应用：

约束理论广泛应用于企业生产管理、项目管理、供应链管理等领域。企业的最终目的就是赚取最多利润，只有持续盈利才能在竞争中求得生存。

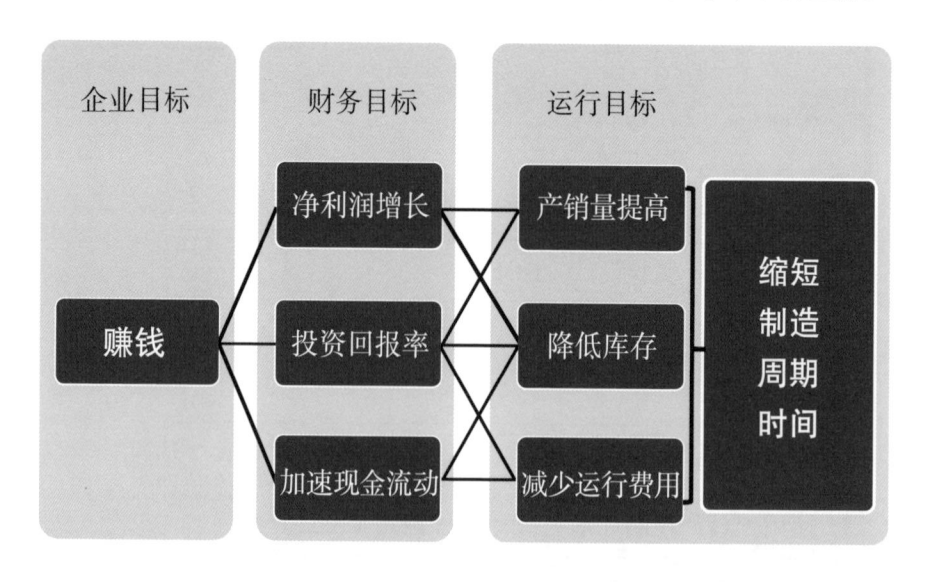

企业目标	财务目标	运行目标	
赚钱	净利润增长	产销量提高	缩短制造周期时间
	投资回报率	降低库存	
	加速现金流动	减少运行费用	

消除瓶颈五步法

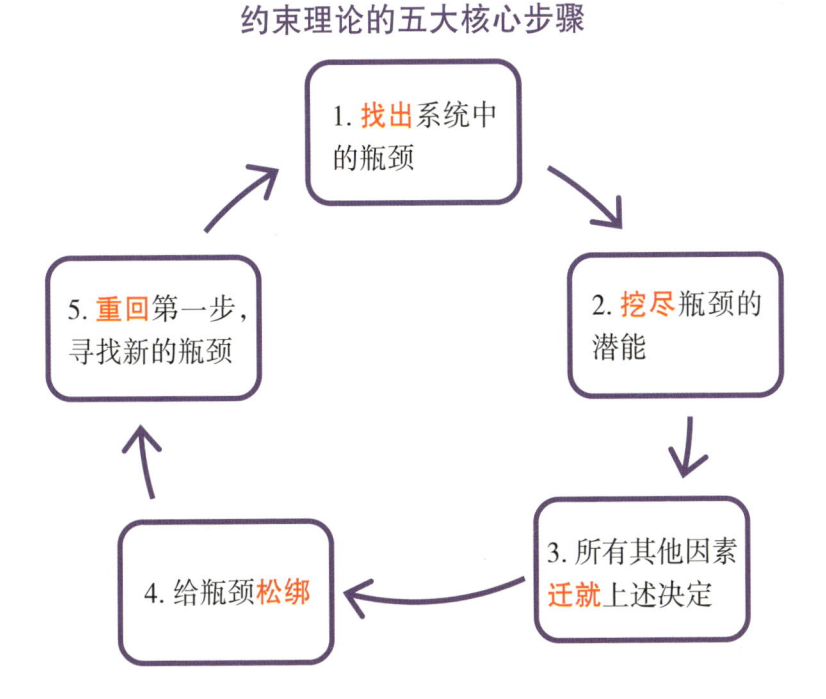

约束理论的五大核心步骤

1. **找出**系统中的瓶颈
2. **挖尽**瓶颈的潜能
3. 所有其他因素**迁就**上述决定
4. 给瓶颈**松绑**
5. **重回**第一步，寻找新的瓶颈

约束理论强调三种思维过程方法

1. 驱散迷雾法

对两个矛盾的对立面进行分析并解决对立

2. 因果关系法

问题逻辑树
未来逻辑树

3. 苏格拉底法

通过强有力的提问理顺逻辑关系

58. PDCA：改善的路径

PDCA 四个英文字母所代表的意义：

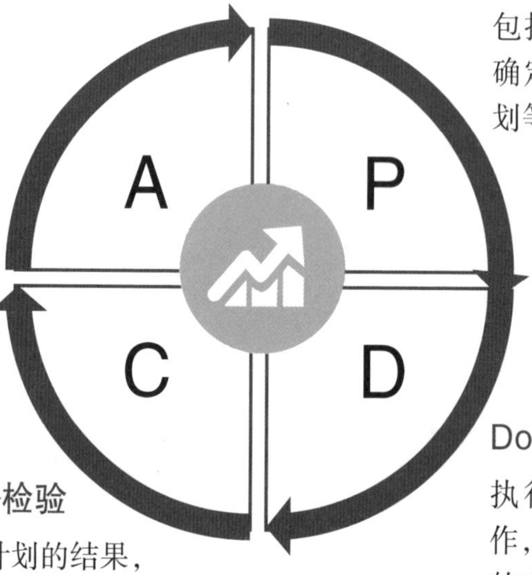

Action —处理

对总结检查的结果进行处理，对成功的经验加以肯定，并予以标准化；对于失败的教训也要总结，引起重视。对于没有解决的问题，应提交到下一个 PDCA 循环中去解决

Plan —计划

包括方针和目标的确定，以及活动计划等内容

Check —检验

总结执行计划的结果，检查计划实施的结果与目标是否一致

Do —执行

执行就是具体运作，实现计划中的内容

PDCA 循环的特点

- 周而复始
- 大环带小环
- 阶梯式上升

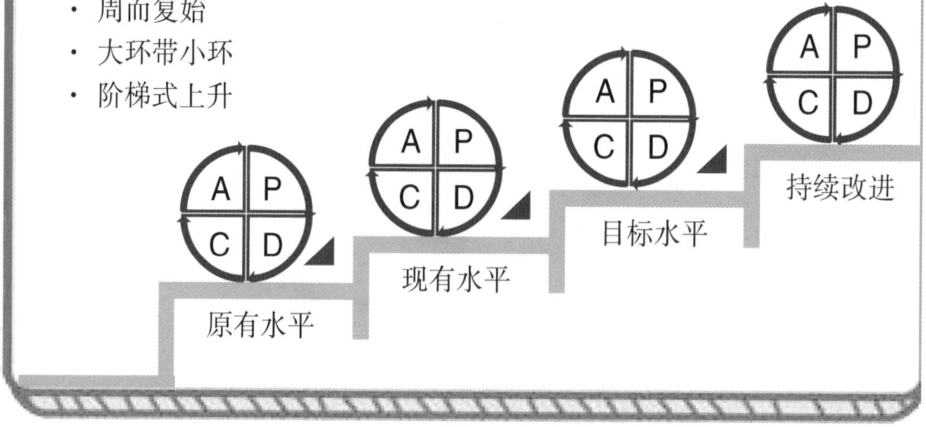

原有水平 → 现有水平 → 目标水平 → 持续改进

PDCA 的 8 大改善步骤

步骤 1 / 步骤 2 / 步骤 3 / 步骤 4 / 步骤 5 / 步骤 6 / 步骤 7 / 步骤 8

A P C D

阶段	步骤	内容	说明
P	1. 找出问题	分析现状 / 找出问题	本步骤强调的是对现状的把握和发现问题的意识和能力
P	2. 制定目标	SMART 原则 / 定性 + 定量	目标是用来衡量改善效果的指标
P	3. 分析原因	头脑风暴法，列出导致问题发生的所有原因 / 用 5why 分析法找出问题的根本原因	
P	4. 拟定措施	谁负责 / 在哪执行 / 计划时间 / 如何完成	
D	5. 执行计划	按照预定的计划、标准，根据已知的内外部信息，设计出具体的行动方法、方案，进行布局	
C	6. 检查结果	验证实际执行的结果，如没达到预期的效果，重新进行最佳方案的确定	
A	7. 标准化	有效措施进行标准化	便于以后的执行和推广
A	8. 持续改进	遇到的问题 / 遗留的问题	总结经验和教训 / 进入第 2 个 PDCA 循环

59. 5WHY：打破砂锅问到底

5WHY 分析法，是一种简单但有效的根本原因分析工具，有助于找到问题发生的本质原因，而不是停留在表面现象。

- 是一种对现象发生的可能原因进行深入分析的方法
- 是一种用不断问为什么来找根本原因的方法
- 是一种采取有效行动对策彻底消除问题的方法

5WHY 分析法的关键

鼓励解决问题的人努力避开主观假设和逻辑陷阱，从结果入手，沿着因果关系链条，寻找原有问题的根本原因。

问"为什么"的前提准备

1. 通过现场、实物把握实际情况
   - 问题发生的地点
   - 问题发生的时间
   - 问题发生的频率
   - 问题发生的类型
   - 问题发生的状态
   - 问题发生的比例

2. 掌握数据
   - 整理历史统计数据分析
   - 一段时期数值参考

3. 关注"4M"不同点的变化
   - 设备 –Machine
   - 材料 –Material
   - 方法 –Method
   - 人员 –Man

提问的步骤

5WHY 分析法的实施步骤

把握现状：	识别问题	阐明问题	分解问题	掌控问题倾向
原因调查：	识别直接原因	建立因果关系链	持续追问	找出根本原因
问题纠正：	临时纠正措施		纠正预防措施	

01 OPTION — 为什么：表面问题现状描述

如果在此阶段采取对策，光凭直觉和经验去行动，不去追究问题的根本原因，问题会再次出现，真正的根本原因还没被识别和根除。

02 OPTION — 为什么：直接原因

从设备、材料、人员和方法的角度思考，这个现象的原因是否列举完全。并以这种方式确认"如果这个原因不发生，前面的现象会不会发生"。

03 OPTION — 为什么：潜在原因

不断提问为什么前一个事件会再次发生，直到一个新的问题被发现时才停止提问。

04 OPTION — 为什么：中间原因

能够找到问题的潜在原因，从而采取有效的预防措施，防止问题再次发生。

05 OPTION — 为什么：根本原因

解析结束之后，一定要从最后的"为什么"开始追溯到现象，确认理论是否正确。

60. 5W2H：让思维更缜密

HELP!

老板说我考虑问题不全面！

想得脑瓜子疼，还是没思路！

5W2H分析法又叫7问分析法，是二战中美国陆军兵器修理部首创，具有简单、方便，易于理解、使用，富有启发意义的特点。

5W2H可以帮助我们步骤化、流程化地进行思考，让思维更缜密！

5W2H	着眼点
做什么（what）	做什么事情，问题是什么？
为什么（why）	工作的目的（意图，背景，必要性）
何时（when）	何时做？其他时间可以做吗？
何处（where）	何地做？其他地方无法做吗？
跟谁（who）	何人做？其他人不能做吗？
怎样（how）	用何种方法？有无其他方法？
多少（how much）	做到什么程度？数量达到多少？

剖析问题的万能钥匙

5W2H 的实际应用

- **项目管理**

在项目启动阶段,通过5W2H分析来明确项目目标、实施步骤、参与人员、预算和资源等细节,确保项目的可行性和资源的合理配置。

- **问题分析和改进**

在生产过程中,运用5W2H分析可以深入了解问题的根本原因和改善方向,有助于制定详细的改进计划并进行跟踪管理。

- **市场调研和需求分析**

通过5W2H分析市场情况,明确产品定位、目标客户和市场需求,为产品开发和市场营销提供有价值的参考信息。

- **流程优化和标准化**

在流程优化中,通过5W2H分析每个环节的任务和流程,有助于发现低效环节、明确改进方向,优化资源分配和成本控制。

5W2H 解决问题步骤和要点

步骤	要点
WHAT	・明确是什么问题 ・解决该问题的目的和意义
WHO	・确定小组组长和成员 ・确定小组活动计划
WHEN	・了解问题发生的时间和频率
WHERE	・问题在哪里发生?
WHY	・分析所有可能的原因 ・确定根本原因
HOW	・计划对策 ・实施方案 ・验证效果 ・执行标准
HOW MUCH	・计算改善过程的投入和收益 ・形成下一步计划

61. A3 报告：优秀的报表不在篇幅上

A3 报告是丰田公司开发的一种精益报告方法

- 把问题的源头、分析、纠正和执行计划放在一张 A3 纸上表达出来
- A3 已经成为一种标准方法，常用来总结解决问题的方案

如何用一张 A3 纸来培养员工？

A3 更多的是思维方式
- 发现问题
- 分析问题
- 确定方案
- 持续改善

A3 报告提供一个持续改善思维的框架。使用 A3 工具，会使得所有参与者深入地思考，通过问题的发现、分析、改善和持续改善来追求一个完整开端、随时追踪、完美收场并随时改善的过程。

A3 是高效的沟通工具
- 逻辑清晰 — 涵盖必要信息，重点突出资料图
- 一目了然 — 数据、信息可视化
- 立即决策 — 促使下属／上司之间的有效决策

A3 是人才的培养阶梯
- 通过 A3 资料，运用／遵循问题解决步骤
- 促使上司确认当前的计划并辅助梳理
- 共同探讨并提出有价值的改善建议

员工轻松的汇报方法

A3报告的六个关键点

- **报告目的**：简明记录问题，阐述问题的背景、意义以及重要性
- **问题描述**：明确问题的特点，一定要现地现物把握正确信息
- **原因分析**：运用5why的方法找到根本原因
- **相应对策**：对方案进行比较分析找到一个最佳方案
- **实施日程**：归纳对策的实施计划，明确时间、人员和行动内容
- **遗留问题**：对遗留的问题进行跟踪，体现改善永无止境

A3 报告   日期：   提交者：

背景分析：	真因分析：
现状调查： 为什么这是个问题？ 问题有多大影响？	解决方法：
	实施计划：
目标设定： 当前状况 理想状况	验证结果：

A3 报告是员工当前能力的呈现！

62. 8D：团队导向问题解决法

什么是 8D？
为什么要用 8D 的形式来解决问题？

8D（Eight-Disciplines），又称团队导向问题解决方法，是福特公司处理问题的常用方法。

8D 的特点有哪些？

团队作战	强调事实	肯定贡献
由一组人来共同对一个问题进行研究，对问题的掌握和分析更全面、更透彻，有利于找到根本原因，彻底解决问题。	精准地陈述问题，使用合理的思考与统计工具来详细地描述问题，找出并验证真因。	肯定团队及个人的贡献，予以祝贺，这是使 8D 持续开展的保证。

为什么要推行 8D？

1. 建立小组，训练合作的技巧
2. 提供有效解决问题的方法
3. 防止相同或类似问题的再发生
4. 提高客户满意度

预防是关键

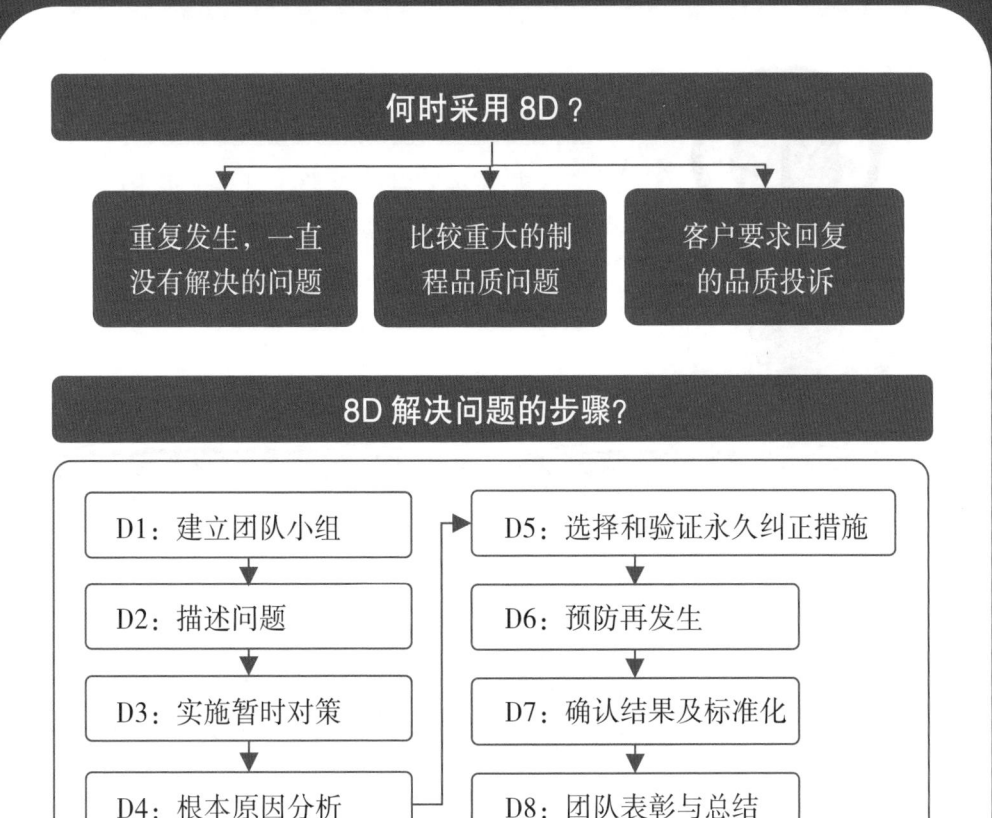

何时采用8D？

- 重复发生，一直没有解决的问题
- 比较重大的制程品质问题
- 客户要求回复的品质投诉

8D 解决问题的步骤？

- D1：建立团队小组
- D2：描述问题
- D3：实施暂时对策
- D4：根本原因分析
- D5：选择和验证永久纠正措施
- D6：预防再发生
- D7：确认结果及标准化
- D8：团队表彰与总结

8D 是系统性和根本性地研究、分析和解决问题，并防止其再发生的结构化工作流程。

8D 研究对象：已发生的不符合的如体系、产品或过程

系统性：研究与问题所关联的各个分支，解决的是系统偏差的问题；是一项团队的活动。

根本性：研究发生问题的根源，不仅要解决问题的表面现象，更要注重分析造成问题的根本原因，从根源上采取措施。

63. TRIZ：创新问题的解决方法

左半脑 分析性思考

右半脑 创造性思考

TRIZ– 创新性解决问题方法
是一种不基于直觉，而基于逻辑和数据的问题解决方法，该方法能加速项目团队创造性地解决问题的能力。

TRIZ 是系统化创新问题解决法。它强调发明或创新可依一定的程序与步骤进行，而非仅是随机或天马行空的脑力刺激。

TRIZ 对指导各领域的创新都有重要参考价值。当找到确定的发明原理后，就可以根据这些发明原理来考虑具体的解决方案。

TRIZ 理论将发明划分为五个等级，从低到高分别表示不同的创新深度和技术突破的难度。

等级 1：常规解决方案
使用已有知识和技术来解决常见问题，通常是基于经验的改进或修正。

等级 2：小幅改进
在现有系统的基础上进行局部创新，通过解决技术矛盾来实现产品或系统的改进。

等级 3：显著改进
对系统进行重大优化，通过解决复杂的物理矛盾来实现显著提升。

等级 4：全新方案
突破性地改变现有系统的工作原理，通过全新概念来彻底改进或重新设计。

等级 5：前沿突破
全球首次的技术突破或科学发现，开创了全新的技术领域或行业。

TRIZ 解决问题的思路和步骤

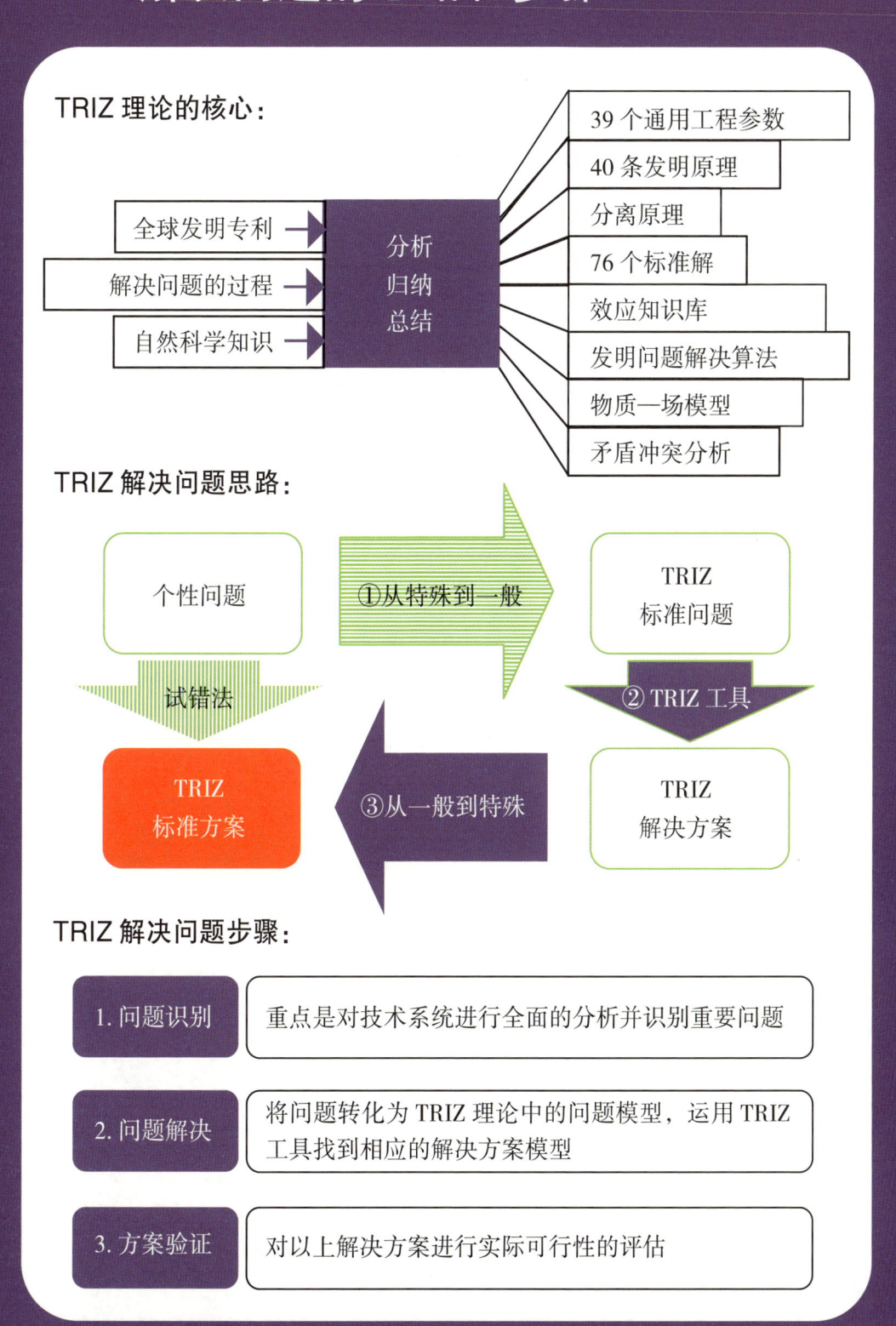

TRIZ 理论的核心：

- 全球发明专利 →
- 解决问题的过程 →
- 自然科学知识 →

分析 归纳 总结 →

- 39 个通用工程参数
- 40 条发明原理
- 分离原理
- 76 个标准解
- 效应知识库
- 发明问题解决算法
- 物质—场模型
- 矛盾冲突分析

TRIZ 解决问题思路：

个性问题 —①从特殊到一般→ TRIZ 标准问题

↓ 试错法 　　　　　　　　　　② TRIZ 工具 ↓

TRIZ 标准方案 ←③从一般到特殊— TRIZ 解决方案

TRIZ 解决问题步骤：

1. 问题识别	重点是对技术系统进行全面的分析并识别重要问题
2. 问题解决	将问题转化为 TRIZ 理论中的问题模型，运用 TRIZ 工具找到相应的解决方案模型
3. 方案验证	对以上解决方案进行实际可行性的评估

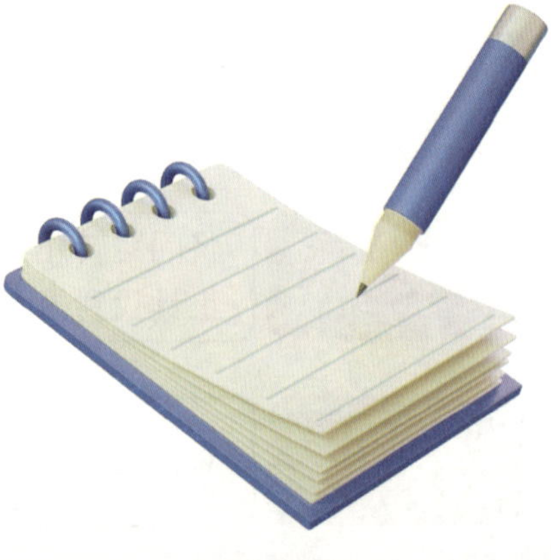

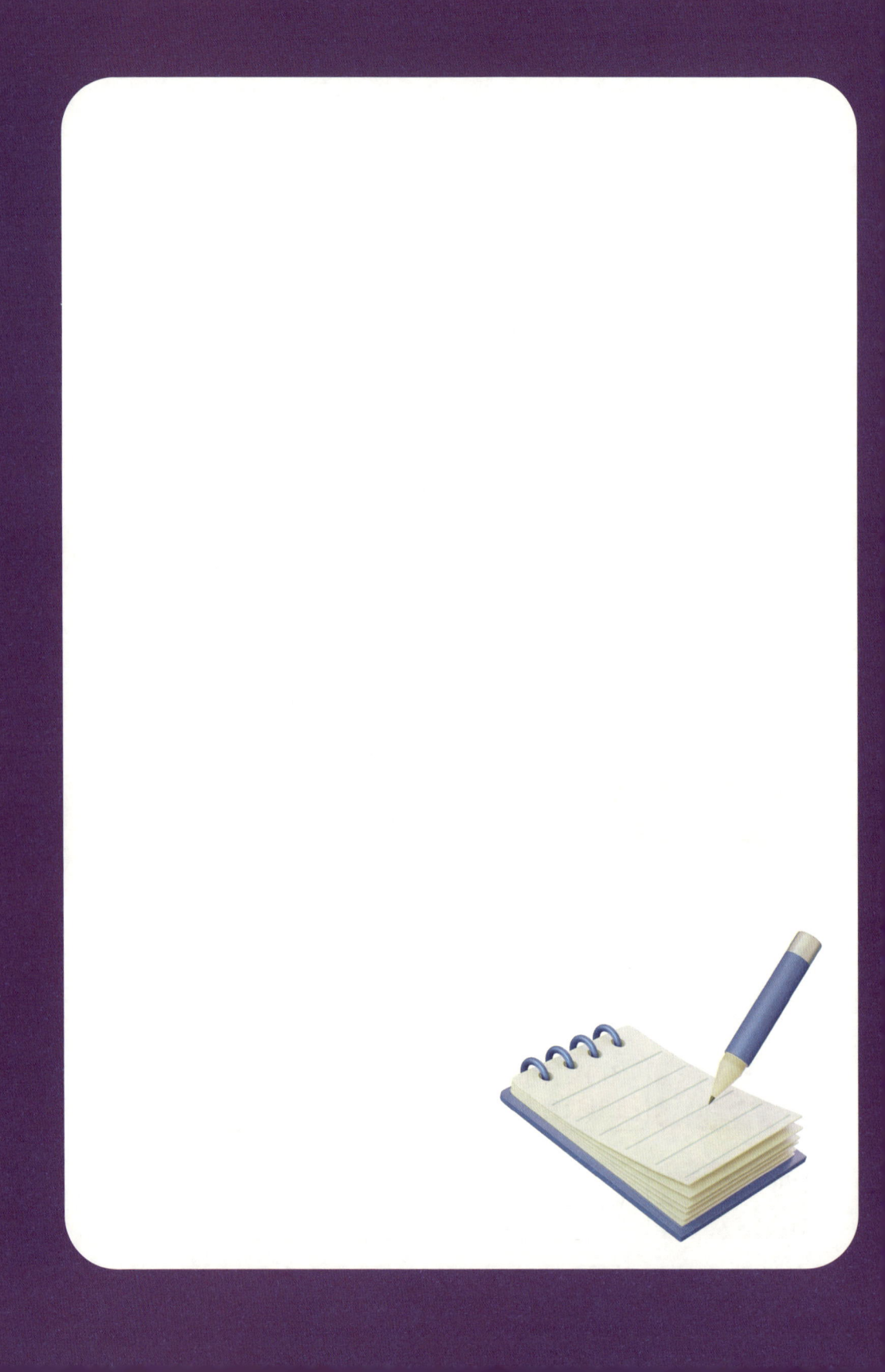

第八章：改善体系

　　生产运营中除了要关注人员的安排、机器的效率、库存的优化外，我们还要关注整个改善的体系以及改善的路径。从现在开始，改善不再是东一榔头西一棒槌。改善开始形成体系，改善是有组织有规划有跟踪的行为。

　　"改善"是精益的核心，改善有一套方法论和内在逻辑。改善是一种理念，更是一种修炼。改善是一个名词，也是一个动词。

　　效率规划图"3P7F"给出了改善的完整路径图。从7个方面规划了改善走向成功的道路。

　　在改善方针的指导下，对企业或者组织做一次"价值流程图"，就像是一次全面的体检，使管理者对价值在组织中的流淌有一个清晰的认识，并找到改善的机会。

　　面对错综复杂的客户需求，尽量实现"均衡化生产"可以提升客户的订单交付率。

　　"拉动系统"是企业首选的生产模式，永远跟着客户走。同时对"拉动和推动"进行深入了解可以知道什么时候才会用上推动系统。而"单件流"和"准时化"则进一步提升了生产的效率和精细化管理水平。

　　"生产准备流程"在设计流程的同时开始导入改善的概念，赢在起跑线上。

　　这些概念和工具在应用时比较复杂，牵涉面也比较广，要有打持久战的决心。当这些概念真正应用在生产系统中时，我们才会看到一个真正的精益工厂，一个持续改善的工厂。

64. 改善：一点点进步，成就无限可能

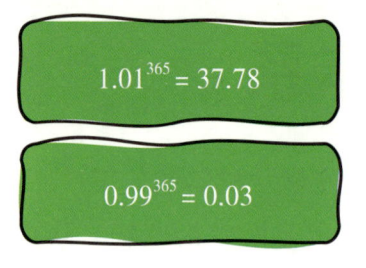

$1.01^{365} = 37.78$

$0.99^{365} = 0.03$

365 次方代表一年的 365 天
"1" 代表每一天的努力
"1.01" 表示每天多做 0.01
"0.99" 代表每天少做 0.01

差别太大了，365 天后，一个增长到 37.8，一个减少到 0.03！1.01=1+0.01，也就是每天进步一点，1.01 的 365 次方也就是说你每天进步一点，一年以后，你将进步很大，远远大于 "1"。

持续变好 / 自我激励 / 反省

改善的原动力：
- 改善
- 自我鞭策
- 借助内部驱动完成
- 内心改变的过程
- 改变现状，唤醒自己潜能
- 自我提升的过程
- 自我反省
- 自我激励的过程

持续改进

改善的 10 项基本原则：
- 打破固有思维
- 许多问题的解决，就在于否定不可能
- 改善不需要找借口
- 使用简单的，而不是完美的解决方法
- 从小的，不花大价钱的改善做起
- 立即改进，及时比正确更重要
- 十个人的智慧比一个人的智慧高明
- 穷则变，变则通
- 改善永无止境，没有最好，只有更好
- 反复追问为什么，总能找到问题根源

改善"着眼点"

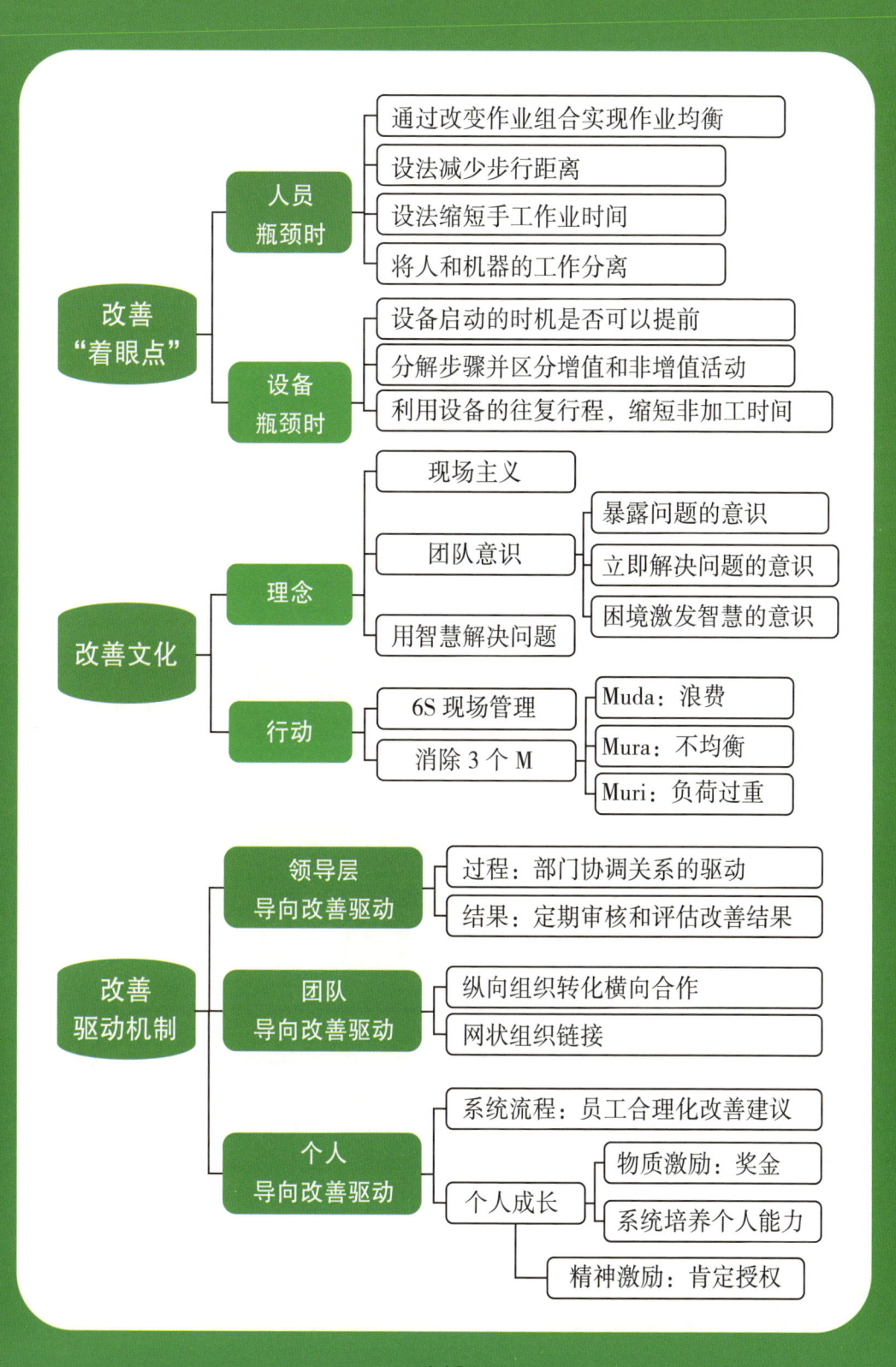

- **人员瓶颈时**
  - 通过改变作业组合实现作业均衡
  - 设法减少步行距离
  - 设法缩短手工作业时间
  - 将人和机器的工作分离
- **设备瓶颈时**
  - 设备启动的时机是否可以提前
  - 分解步骤并区分增值和非增值活动
  - 利用设备的往复行程，缩短非加工时间

改善文化

- **理念**
  - 现场主义
  - 团队意识
    - 暴露问题的意识
    - 立即解决问题的意识
    - 困境激发智慧的意识
  - 用智慧解决问题
- **行动**
  - 6S 现场管理
  - 消除 3 个 M
    - Muda：浪费
    - Mura：不均衡
    - Muri：负荷过重

改善驱动机制

- **领导层导向改善驱动**
  - 过程：部门协调关系的驱动
  - 结果：定期审核和评估改善结果
- **团队导向改善驱动**
  - 纵向组织转化横向合作
  - 网状组织链接
- **个人导向改善驱动**
  - 系统流程：员工合理化改善建议
  - 个人成长
    - 物质激励：奖金
    - 系统培养个人能力
    - 精神激励：肯定授权

65. 3P7F 模型：用一张图规划效率改善

问题多，不知从何下手

团队不能有效协同，改善看不到效果

资源浪费，杂乱无章地解决问题

我们的团队效率低，目标常达不到

我们用 3P7F 来规划效率的改善

什么是 3P7F？快来说说！

> **3P7F 效率规划图**是用来规划整个改善过程的指引地图，通过关注产品、过程、人员（3P：Product、Process、People）及七大质量因素（7F）的分析和管控来实现整个过程改善，帮助组织在生产的各个环节中发现问题、提升质量，最终提高客户满意度和市场竞争力。

生产制造中的七大"F"关注点

Fault-Free （无故障）

确保设备和工艺流程稳定可靠,尽量避免生产过程中发生故障。

Failure-Free （无失效）

避免零部件或产品的性能失效,确保其在使用过程中的功能完整。

Fool-Proof （防呆）

通过防错措施,避免因人为错误导致的质量问题,保障流程的正确执行。

Feasibility （可行性）

确保产品设计和生产流程具有可行性,便于实际制造和质量控制。

Flexibility （灵活性）

生产工艺具有灵活性,能够适应不同的订单需求和产品调整。

Functionality （功能性）

确保产品的功能符合设计要求和客户需求,满足使用条件。

Fit （适配性）

确保产品的各个组件在组装和功能上高度适配,达到稳定性和一致性。

66. 价值流程图：企业运营的切片研究

价值流程图（Value Stream Mapping），是精益制造生产系统框架下的一种用来描述**物流**和**信息流**的形象化工具。包括从供应商原材料购进，生产制造的所有流程、步骤，一直到产品支付给顾客的全部过程。

流程图
- 关注实物的流动
- 侧重流程
- 常用局部流程改善
- 跨部门合作

VS

价值流程图
- 关注实物和信息的流动
- 侧重增值和非增值活动
- 用于全局和整个供应链的改善
- 跨集团合作

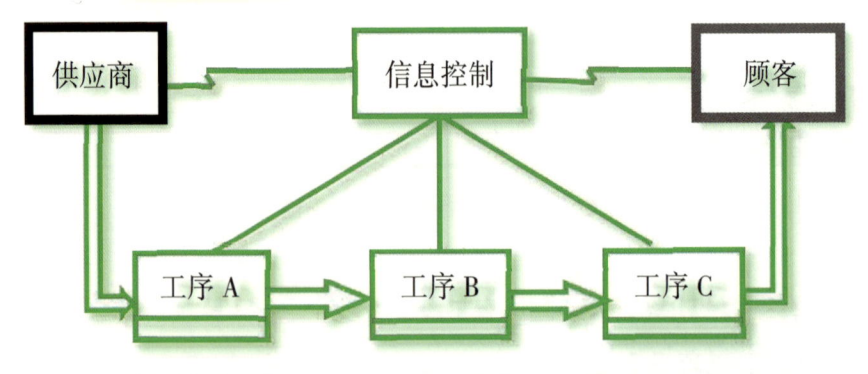

```
供应商 ← 信息控制 ← 顾客
          ↓ ↓ ↓       ↑
        工序A → 工序B → 工序C
```

价值流程图是识别问题、有效沟通、变革管理的有效工具

一览全局的战略图！

为什么采用价值流程图？

- **可视化**
  - 看到宏观生产流程，找到问题根源
  - 从顾客角度看流程（外部客户）
  - 发现上游对下游工序的影响（内部客户）
  - 识别流程中的浪费
  - 显示物料和信息流之间的联系

- **聚焦性**
  - 关注系统而非局部优化
  - 提供流程观察和交流的共同语言
  - 思考改进活动实施的蓝图
  - 缩短从计划到成品出货的时间

价值流程图绘制的范围和步骤

- **步骤1：选择价值流**
  - 识别主要价值流
  - 分析产品族
  - 分析顾客需求

- **步骤2：绘制整体作业流动**

- **步骤3：识别关键指标**
  - 作业周期时间
  - 增值时间
  - 换线时间
  - 良品率
  - 流程前/后库存

- **步骤4：完成数据表信息**

- **步骤5：绘制库存标记和天数**

- **步骤6：时间线填充**

- **步骤7：绘制信息流**

- **步骤8：改善项目**

- **步骤9：绘制未来图**

67. 均衡化生产：生产计划的策略

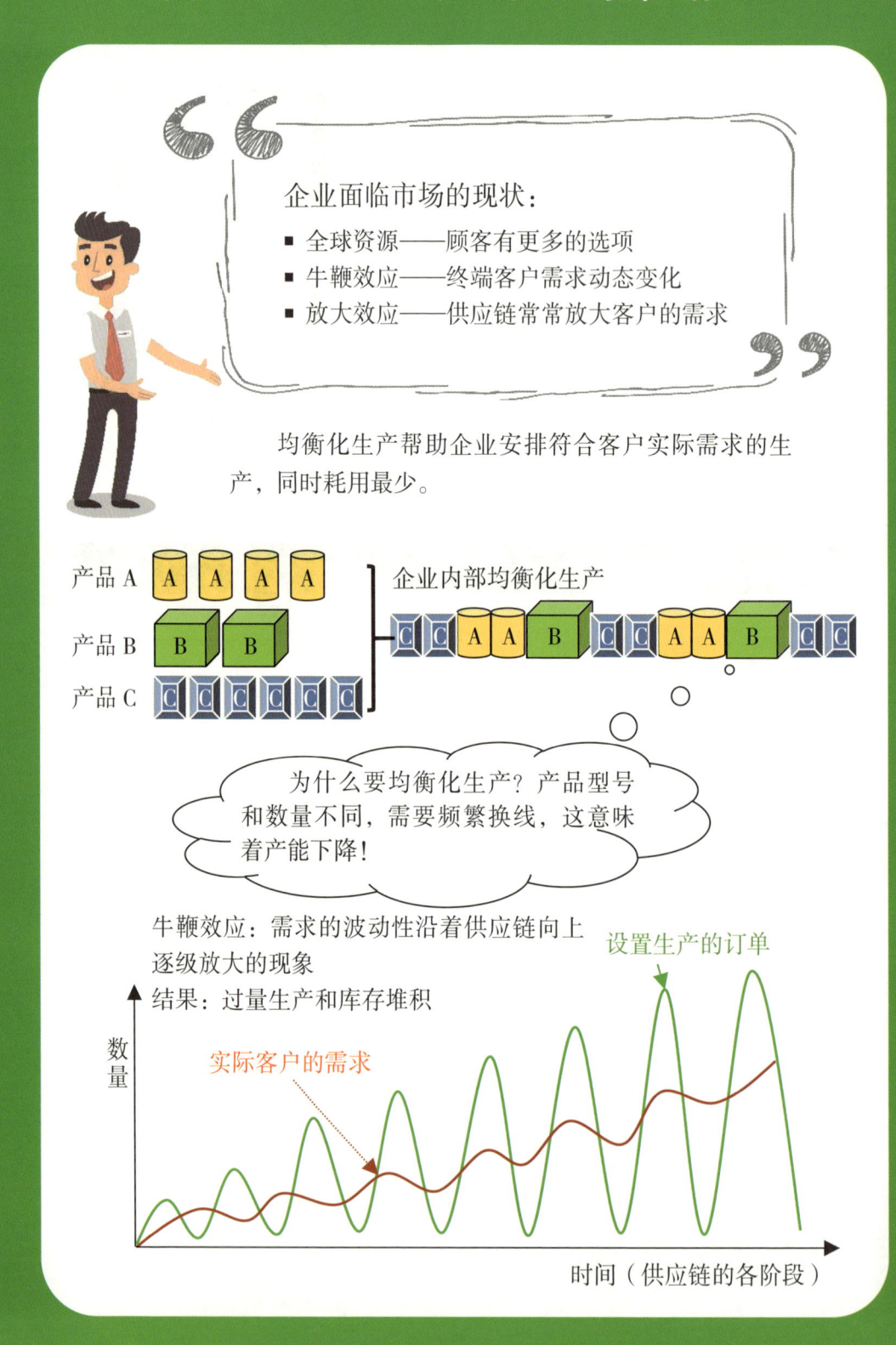

企业面临市场的现状：
- 全球资源——顾客有更多的选项
- 牛鞭效应——终端客户需求动态变化
- 放大效应——供应链常常放大客户的需求

均衡化生产帮助企业安排符合客户实际需求的生产，同时耗用最少。

产品 A
产品 B
产品 C

企业内部均衡化生产

为什么要均衡化生产？产品型号和数量不同，需要频繁换线，这意味着产能下降！

牛鞭效应：需求的波动性沿着供应链向上逐级放大的现象

结果：过量生产和库存堆积

数量

实际客户的需求

设置生产的订单

时间（供应链的各阶段）

均衡化生产应对产品和需求的波动

均衡化生产的目的是减弱客户需求的波动

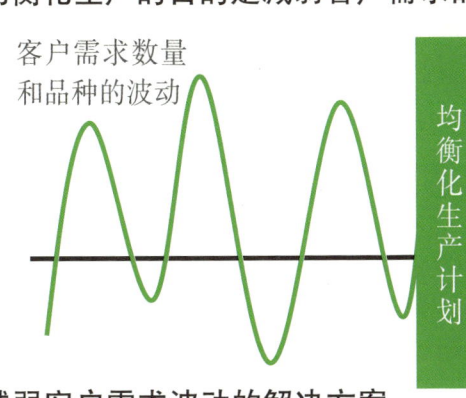

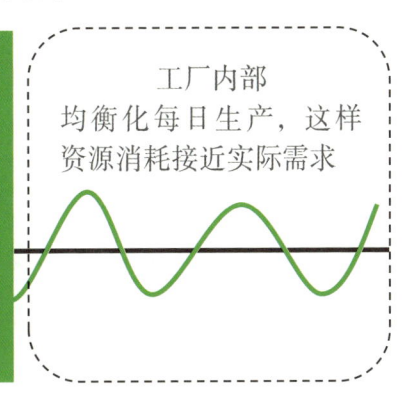

客户需求数量和品种的波动

均衡化生产计划

工厂内部均衡化每日生产，这样资源消耗接近实际需求

减弱客户需求波动的解决方案

传统方式	精益方式
少换线/模，大批量生产	频繁切换，小批量生产
库存堆积	快速换模/一键切换
按照预测排生产计划	均衡生产，按客户需求生产

第1周 AAAAAAAAAA ｜ AAAAA BBB CC
第2周 AAAAAAAAAA ｜ CC AAAAA BBB
第3周 AAAAA BBBBB ｜ BBB CC AAAAA （换模）
第4周 BBBBBBBBBB ｜ AAAAA BBB CC
第5周 CCCCCCCCCC ｜ CC AAAAA BBB

均衡化生产的优势

- 浪费可视化
  - 平衡工作量
  - 消除过量生产
  - 问题及早发现
- 生产周期缩短
  - 快速响应顾客需求变化
  - 对预测的准确性依赖小
  - 库存低

68. 拉动系统：按需生产

拉动系统是一种通过只补充已消耗的资源，来达到控制资源流动的生产管理系统，它的关键是"**拉**"。从客户端需求开始拉动，往整个供应链的前端延伸，使整个供应系统与客户需求一致。

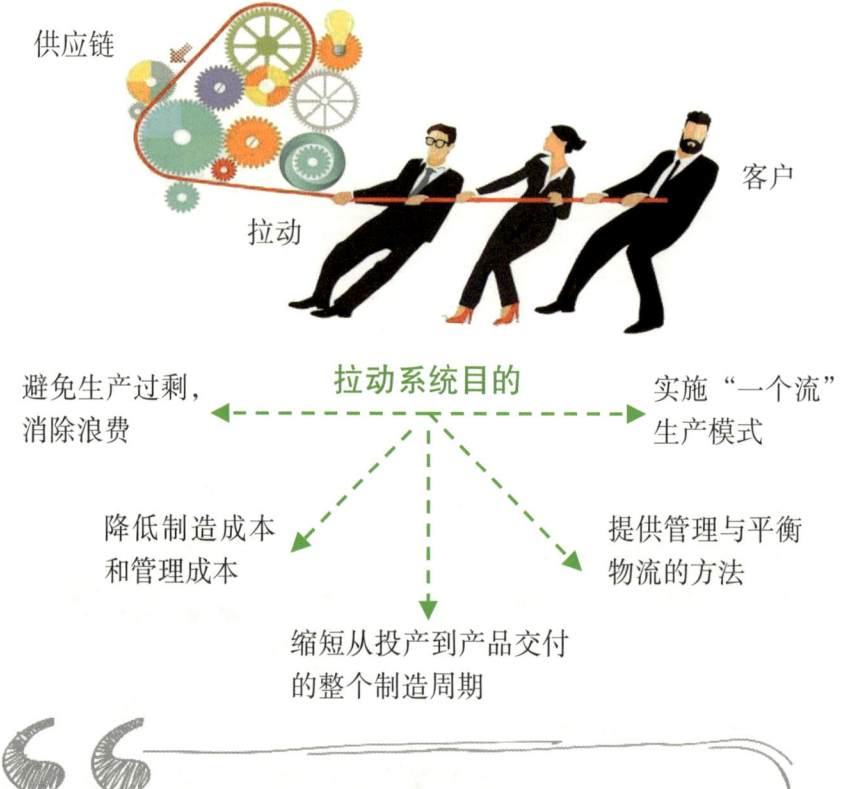

供应链

拉动

客户

拉动系统目的

- 避免生产过剩，消除浪费
- 实施"一个流"生产模式
- 降低制造成本和管理成本
- 提供管理与平衡物流的方法
- 缩短从投产到产品交付的整个制造周期

> 《学习观察》的作者迈克·鲁斯与约翰·舒克指出："在你能够实施单件流作业之处实施之，在必须采取拉动的地方采用之。"这个原则要天天奉行。切记，当无法实现单件流时，次佳选择是设计维持最低存货水平的拉动式生产方式。

避免过量生产，最好的"武器"是拉动！

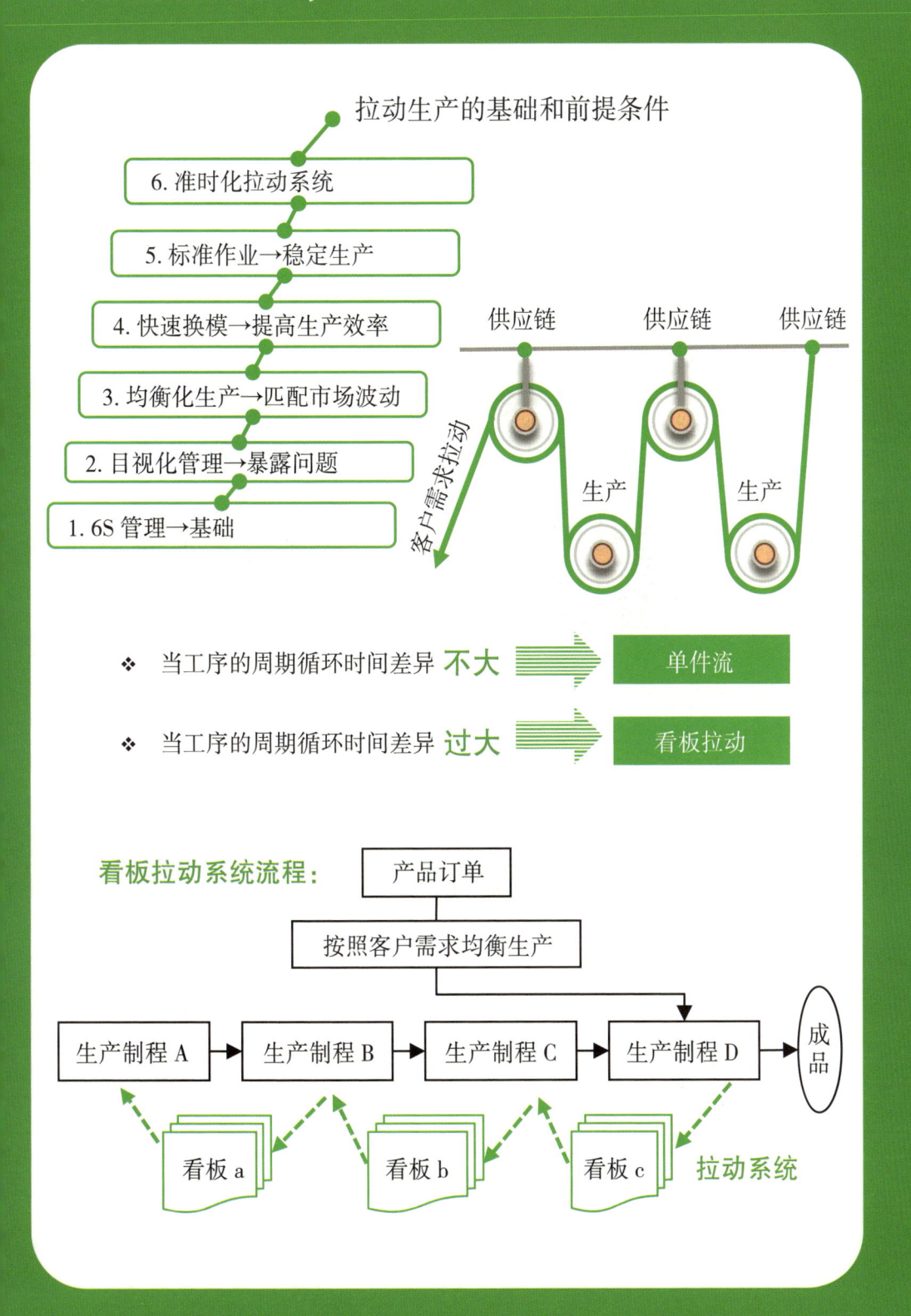

拉动生产的基础和前提条件

- 6. 准时化拉动系统
- 5. 标准作业→稳定生产
- 4. 快速换模→提高生产效率
- 3. 均衡化生产→匹配市场波动
- 2. 目视化管理→暴露问题
- 1. 6S 管理→基础

客户需求拉动 — 供应链 — 生产

- ❖ 当工序的周期循环时间差异 **不大** ➡ 单件流
- ❖ 当工序的周期循环时间差异 **过大** ➡ 看板拉动

看板拉动系统流程：

产品订单 → 按照客户需求均衡生产

生产制程 A → 生产制程 B → 生产制程 C → 生产制程 D → 成品

看板 a ／ 看板 b ／ 看板 c — 拉动系统

69. 拉动和推动：你选哪个？

推 →

后

不管是否需要？把所有产出都推给下一道工序

○ ○ ○ 推动系统 →

前

后拉 →

← 拉动系统

只需要一个，下一个流程及时给上一个流程传递信号

OK！

"推动系统"省力，"拉动系统"省钱

推动系统	拉动系统
Just In Case/ 万一	Just In Time/ 需要时
根据计划排程生产	根据客户的需求而定
供应商，生产＆顾客彼此并联	顾客、生产＆供应商串联一起
特点： ■ 上游推动整个生产 ■ 生产组织过程无序 ■ 充斥着大量的浪费	特点： ■ 下游拉动进行补货 ■ 生产过程的浪费得到不断改善
推动生产模式组织过程松弛，各个部门按照自身的需求组织生产，没有太多对内外部客户需求能力的考虑	拉动生产模式组织过程严谨，部门按照下游的需求组织生产，补充下游消耗的库存量来控制生产
■ 问题被隐藏起来 ■ 浪费常累积叠加	■ 员工暴露问题 ■ 看板拉动消除生产过剩

* 在供不应求的情况下，也可以考虑推动生产模式

70. 单件流：生产的理想状态

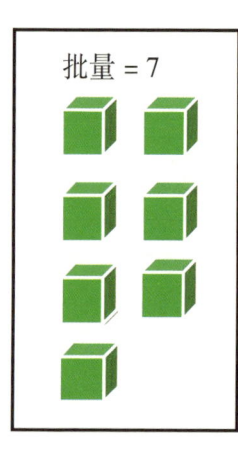

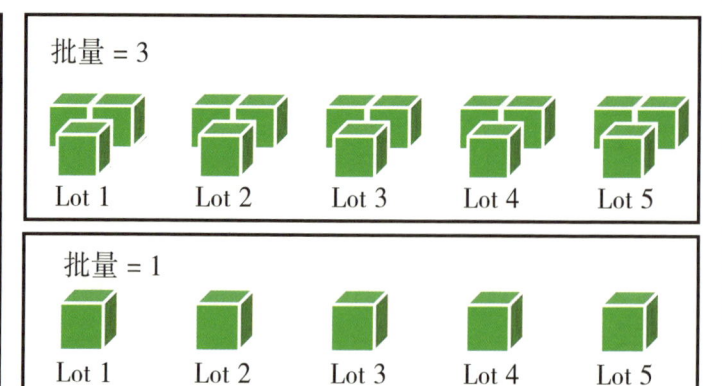

批量数影响生产周期时间

客户需求： 21 个产品	批量 =7	批量 =3	批量 =1 （单件流）
完成第 1 个产品的周期时间	15（分钟）	7（分钟）	3（分钟）
完成 21 个产品所需的时间	35（分钟）	27（分钟）	23（分钟） 时间最短

流水线

工位 A　周期时间：1 分钟
工位 B　周期时间：1 分钟
工位 C　周期时间：1 分钟

> **单件流**是指生产批量与转移批量只有一个。
> 单件流可以把生产过程中那些不能创造价值的工序或动作尽可能地减少，以此来提升生产效率，达到缩短生产周期、提高产品质量、减少转运消耗的目的。

请注意这里的单件，不要生硬地理解为数量上的 1，可以理解为单位 1，单位 1 的大小是可以持续改进的。

解决库存问题的生产方式——单件流

单件流通过合理的制订标准生产流程并安排好每道工序的人员量、设备量，使每道工序耗时趋于一致。

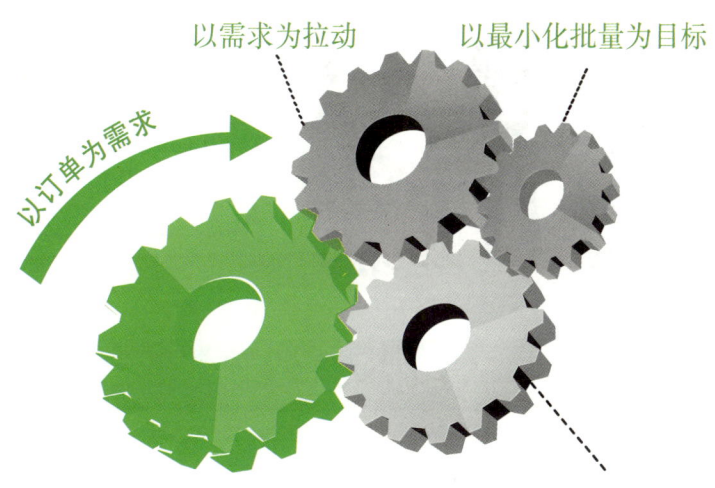

以订单为需求

以需求为拉动

以最小化批量为目标

达到连续生产并实现在线零库存

单件流特点：
- 库存低、搬运少
- 及时发现质量问题
- 柔性高，市场适应性强
- 节省时间和空间

如何做好单件流？——抓住单件流的以下要素

1. 工序要细化：把生产流程中的所有工序按加工顺序细化拆分

2. 节拍平衡化：从整个产线的生产节拍来考虑，尽量做到平衡

3. 工序重组化：找到关键工序，使所有工序耗时趋于一致

4. 工序标准化：制订标准作业指导书，用于指导和培训员工

71. 准时化：让产品定时定点定量

常说的"准时"

开会&培训"一定要准时到"意味着你可以早来，也可以规定时间点到，但一定不能迟到。

丰田生产方式"准时化"：晚了不允许 + 早了也不行

我要一个在晚上八点整

准时化的"四必要"：
- ✓ 将必要的物品
- ✓ 在必要的时间
- ✓ 只将必要的量
- ✓ 送到必要的点

一条生产线，在"准时化"的要求下，将库存、生产周期时间和浪费降到最低，从而提高整体效率和灵活性，使企业能够快速响应客户需求，减少不必要的资源占用。

准时化的三要素：一切都刚刚好！

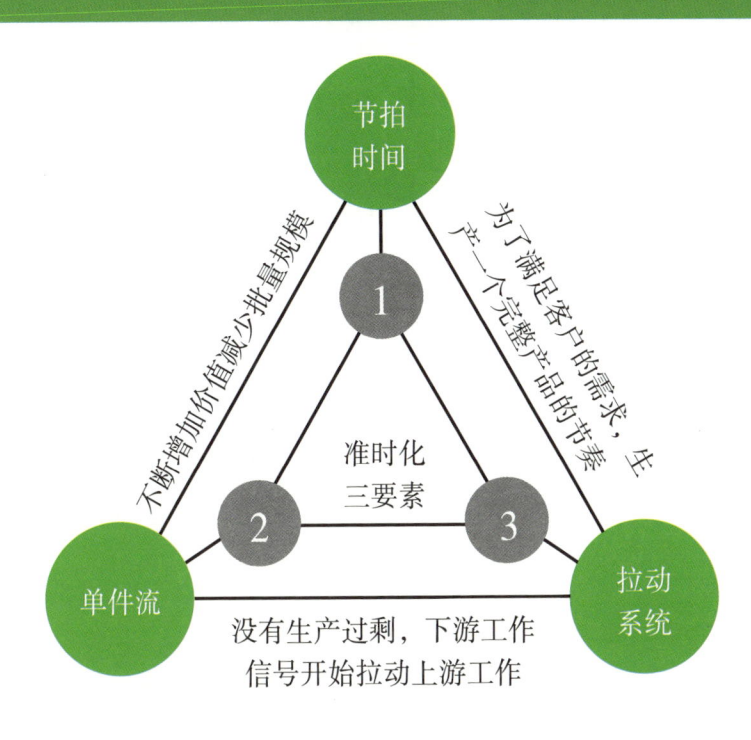

准时化三要素

- 1 节拍时间：为了满足客户的需求，生产一个完整产品的节奏
- 2 单件流：不断增加价值减少批量规模
- 3 拉动系统：没有生产过剩，下游工作信号开始拉动上游工作

推行准时化的目的：
建立连续作业流程，使问题浮现，让所有产品流动起来。

- 降低中间库存半成品数量
- 提高工艺平衡度
- 减少批量生产数量
- 增加价值活动和利润
- 缩短生产周期时间
- 优化物料运送方式
- 减少支流和回流
- 缩短换模时间

72. 生产准备流程：规划品质，预防浪费

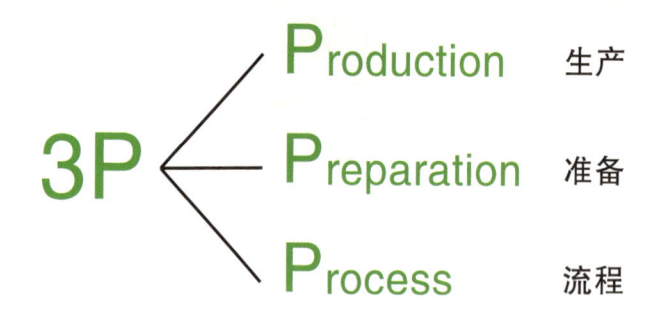

3P
- **P**roduction　生产
- **P**reparation　准备
- **P**rocess　流程

生产流程准备是将精益设计和改善文化融入产品和流程设计的过程中形成一套模块化的方法，特别适用于新产品开发和生产流程改进，通过综合分析产品设计、生产工艺和流程，提前识别和解决潜在问题，从而为高效生产奠定基础。

3P 的关键目标与作用

1　确保可制造性
通过提前设计和验证，确保新产品设计适合量产，减少后期的返工和调整。

2　减少浪费
在设计阶段就识别并消除浪费，提高资源的利用效率。

3　提升生产效率
通过优化流程设计和工艺布局，缩短生产周期，减少等待和转换时间。

4　增强灵活性
帮助企业快速适应客户需求的变化，提高生产系统的灵活性和反应速度。

何时做生产准备流程？
- 需求变化
- 设计变更
- 工艺改善
- 新品研发

如何设计一套高效的生产流程？

生产准备流程设计原则

（资金的合理利用 / 需求的变化 / 产品设计变更 / 新产品导入）

- 价值流导向关注流动
- 为物料的移动设计布局
- 消除设备循环时间的浪费
- 设备内置快速换模
- 灵活响应产量的波动
- 多工序操作和交叉培训
- 走动距离最小化
- 强化人体工程和安全
- 按节拍生产拉动

生产准备流程的设计步骤

- 步骤1：理解客户需求
- 步骤2：确定功能要素
- 步骤3：进行产品与流程分析
- 步骤4：头脑风暴及创意生成流
- 步骤5：生成与评估流程方案
- 步骤6：选定并优化最佳流程
- 步骤7：设计工艺流程与标准化操作步骤
- 步骤8：试生产与验证
- 步骤9：持续改进与正式生产准备

第九章：改善文化

持续改善是一个非常有挑战的过程。开始改善很容易，但是坚持下来很困难。让员工有一个改善的行为很容易，让员工有改善的思维模式很困难。让一个员工做一个改善很容易，让全体员工天天做改善就很困难。

精益生产会让人以为改善只是发生在生产线上，但是办公室也一样可以开展改善活动。精益生产是产品的流动，精益办公是信息的流动。

从精益办公开始，让更多管理型员工也加入改善，整个组织就会慢慢地形成改善文化，文化一旦成型，就可以实现自驱型的持续改善。

打造持续改善文化，追求精益极致

从"办公布局"入手，让员工的办公空间成为信息链接的纽带，成为创意空间。寻找办公室里的"快乐杀手"，让员工愉快地办公。通过"付出—受益"矩阵图，找到哪些问题需要优先解决。

根据"组织系统模型"，确认每个部门的服务对象是谁，信息来源是谁。坚持"信息共享"，让组织和团队保持一致，打造"效率组织形态"，实现金字塔物理组织架构和网络组织虚拟形态的有机结合。

建立"精益屋"，形成企业的改善结构，通过"效率九宫"，形成持续改善—战略，追求"精益极致"，让持续改善迭代、传承。

73. 办公布局：位置怎么安排才合理？

传统的办公布局，只是按照职务不同，部门不同而有差别地安排办公室。当有新招聘员工时，再根据部门业务和人员不同见缝插针地安排座位。

> 传统办公室布局，不同的颜色代表不同的部门！

过道

办公布局设计 –OLP

办公布局设计（Office Layout Planning）的方法源于系统布局设计（Systematic Layout Planning, SLP）。办公布局以信息流为主线，人与人互联为目的，对各部门人员进行合理安排的一种设计方法。

办公布局设计的重要性

- 提升工作效率
- 促进团队协作
- 增强员工满意度与舒适度
- 节省成本

办公布局新思维值得企业拥有！

四阶段布局计划：

确定布局地点 → 整体布局 → 关系梳理，细节布局 → 实施

梳理部门关系，画相关图谱

部门之间活动的频繁程度（常用"信息流"和"人流"表示）可以说明部门之间关系是密切或者疏远。这种对部门之间密切程度的分析称为作业相关图。

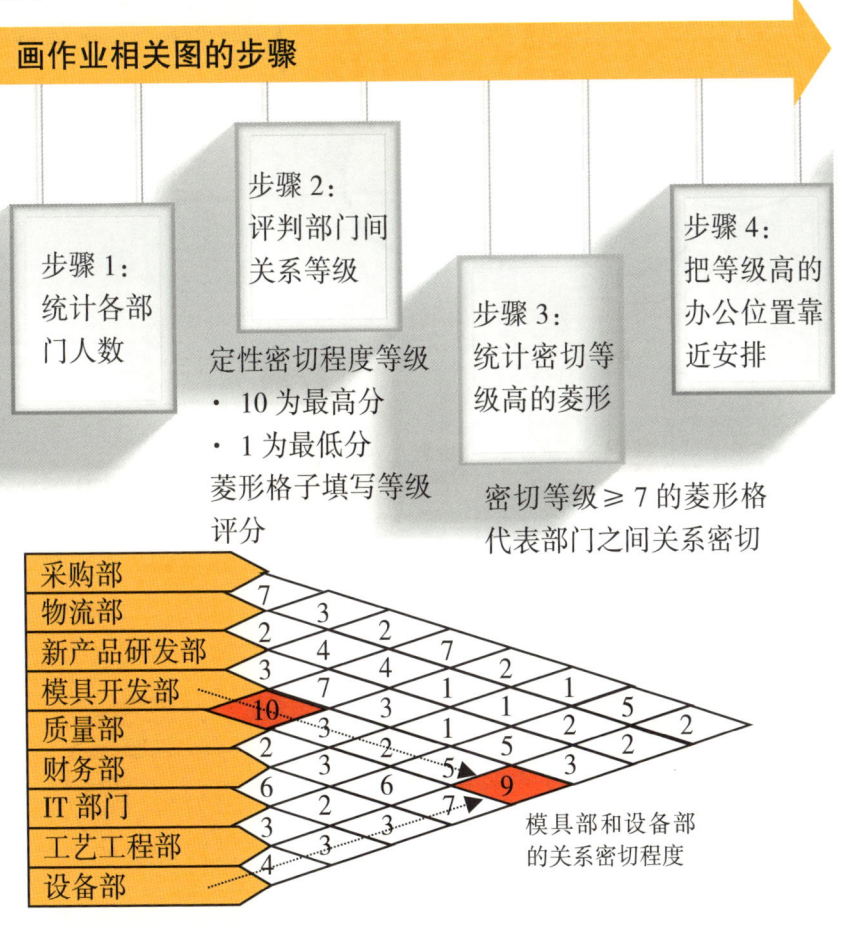

画作业相关图的步骤

步骤1： 统计各部门人数

步骤2： 评判部门间关系等级

定性密切程度等级
- 10为最高分
- 1为最低分

菱形格子填写等级评分

步骤3： 统计密切等级高的菱形

密切等级≥7的菱形格代表部门之间关系密切

步骤4： 把等级高的办公位置靠近安排

采购部 / 物流部 / 新产品研发部 / 模具开发部 / 质量部 / 财务部 / IT部门 / 工艺工程部 / 设备部

模具部和设备部的关系密切程度

74. 快乐杀手：你快乐吗？

> 每天工作都很忙，我快乐不起来！

快乐杀手是工作中那些不必要或不产生价值的活动。那些让你不快乐的就是办公室里的痛点，这些痛点影响了你的情绪，打击了你的工作热情，削弱了你的快乐。

影响快乐因素 ＝ 浪费 ＝ 快乐杀手
- 运行效率低下
- 管理系统混乱
- 人才技能缺乏
- 组织构架繁冗

消除快乐杀手的目的：

- 消除不均衡工作
- 消除分配不平衡
- 消除工作负荷重

寻找办公室里的快乐杀手！

快乐的四大杀手

运行效率低下
- 寻找：寻找同事、材料、文件、邮件
- 等待：等待邮件回复、签字、开会
- 传递：申请文件、老板批注、部门核对
- 干扰：无计划会议、不熟练技能

管理系统混乱
- 目标：没有明确目标，职能不授权
- 流程：多部门多层级的信息批准、检验、核对
- 环境：噪声、缺乏人性化
- 技术：重复出现错误、无作业标准

人才管理缺乏
- 缺乏创新：循规蹈矩、没想法、没变化
- 专业技能：缺乏个人发展计划和跟踪系统，组织无目标、无培训计划

组织架构繁冗
- 缺乏扁平化组织结构：管理层次太多
- 分工过细：一件事成立一个部门，人员冗余

快乐工作的操作步骤

- 步骤1：组织头脑风暴，让与会成员写下所有不快乐的事情
- 步骤2：把大家的清单汇总在一起
- 步骤3：对所有不快乐的事情进行打分，选出打分最高的前三条
- 步骤4：对前三条立项，进行仔细讨论研究
- 步骤5：成立改善平台，邀请与三条内容相关部门成员一起参与
- 步骤6：寻找解决方案并落实
- 步骤7：定期跟踪、检查这个不快乐是不是消失了

75. 付出—收益：如何摆脱"穷忙族"？

> 都说我是"穷忙族"，每天都有很多工作，到底要先做哪个？

扎心了，老铁

"穷忙族"两个特征

- 做事没有重点
- 在收益低的事情上浪费时间

> 人可以忙碌，但不要瞎忙，不要像无头苍蝇一样乱撞，要有方向，要对得起自己的耕耘，要忙得有价值！

如何摆脱"穷忙族"—— 付出—收益 优先级法

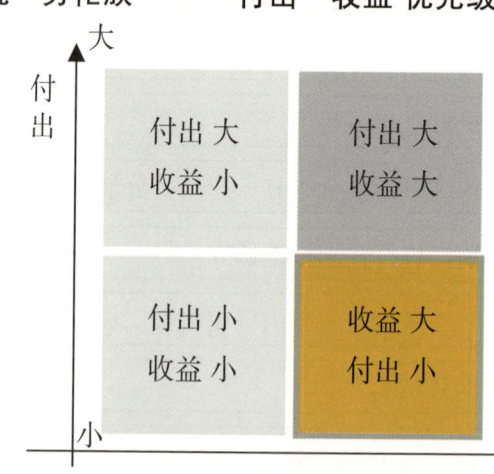

	收益小	收益大
付出大	付出大 收益小	付出大 收益大
付出小	付出小 收益小	收益大 付出小

一张图就能搞定！

付出—收益优先级，是通过对付出和收益的分析来决定优先级的方法。优先级是一种约定，优先级高的先做，优先级低的后做。

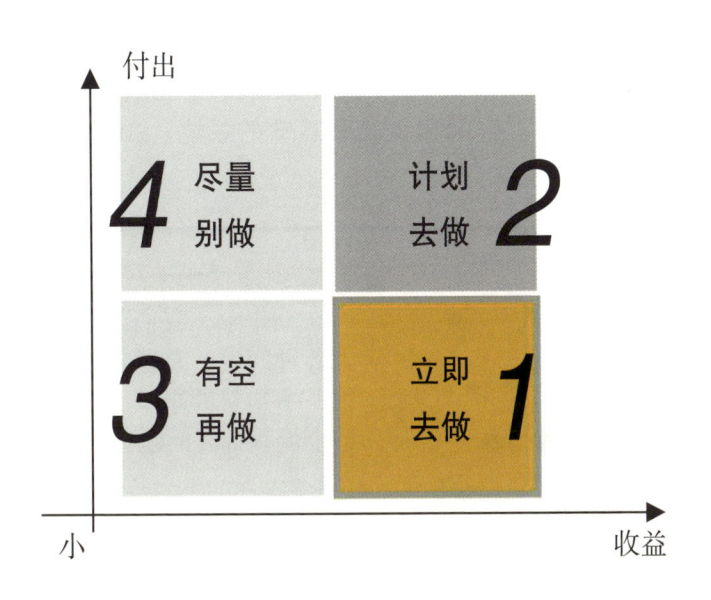

```
付出
 ↑
 | 4 尽量    | 计划
 |   别做    | 去做 2
 |----------|----------
 | 3 有空    | 立即
 |   再做    | 去做 1
 |_____|_____→ 收益
小                        大
```

如何用付出—收获优先级方法提高工作效率？

- 步骤1：列出任务清单
- 步骤2：根据付出和收益的程度填入四象限中
- 步骤3：对填写在第一象限的内容进行排序分析，并马上安排
- 步骤4：对第二象限的内容，寻找相互联系，计划去做
- 步骤5：整理第三象限的内容，有空再做或委托他人来做
- 步骤6：寻找资源处理第四象限的内容，尽量别做或选择不做

76. 组织系统模型：办公流程改善利器

SIPOC — **S**upplier、**I**nput、**P**rocess、**O**utput、**C**lient
供应商（S），输入（I），流程（P），输出（O），顾客（C）

每一个组织、业务或者流程，都可以分解为S、I、P、O、C五个相互关联互动的系统。SIPOC是一个工具，更是一种思维方法。

工作中，我们经常会碰到各种问题，总感觉束手无策，不知从哪里下手，好像整个流程都有问题！

SIPOC 模型
是宏观的流程图，使用此模型比较容易识别出有问题的流程，同时可以界定项目范围。

S 供应者	I 输入	P 流程	O 输出	C 顾客
一级供应商 二级供应商 三级供应商 四级供应商 ---	人 物料 设备 方法 测量 环境 数据	核心 执行过程 步骤1 步骤2 步骤3 步骤4 ---	产品 物品 服务	内部客户 外部客户

了解你的内部客户和供应链

SIPOC 的优点：

- 用"全景"视角，展示出一组跨越职能部门界限的活动
- 流程关注顾客的需求
- 改善流程，清除无价值的任务并缩短周期时间
- 明确需求和流程输入、输出之间的差距

SIPOC 的绘制步骤：

供应商	输入	流程	输出	客户
⑥每个输入的提供者是谁？	⑤流程的输入是什么？ ⑦列出各个输入的要求	①确定流程从哪里开始到哪里结束，关注价值	②流程的输出是什么？ ④客户需求	③每个输出的客户是谁？

SIPOC 操作的"二"循环：

第二循环：输入和供求比较	第一循环：输出和客户需求比较

供求匹配　　　　　　　　　　客户拉动

S（供应商） — I（输入） — P（流程） — O（输出） — C（客户）

77. 信息共享：合作共赢

信息共享空间：

- ➢ 员工在一个地方就可以完成学习、讨论、改善和研究等活动
- ➢ 环境经过特别设计，符合信息流和人员交流需求
- ➢ 结合互联网，利用丰富的后台信息库，给前台提供支持
- ➢ 能为员工提供信息资源、设备技术资源和人力资源等服务

　　信息共享空间使企业员工能够在一个平台上获得各种形式、内容的资源，享受公司各部门的服务，从而方便、快捷地获得对各种问题的解答。

信息共享空间的搭建通常有两种形式：
　　1. 物理的一站式服务
　　2. 信息发布平台

- ✓ 信息共享空间强调的是培养员工的信息素养，促进员工学习、交流和研究。
- ✓ 信息共享是在互联网时代进行快速决策的重要条件。

充分互信是培养共享意识的基石！

如果每个机构都能够配合，对整体而言就会取得最好的结果，而要取得好的结果，首先需要建立信任！

🚩 **第一步：信息共享空间**
- 改变物理空间的布局，预留"共享空间"，或举办共享会议，追求信息分享方面的透明度。

人力资源 — 财务部门
IT — 信息共享空间 — 技术部门
专家答疑 — 教练辅导

🚩 **第二步：互信关系的建立**
- 连接断点的交换制度：交换生计划

部门 A —— 精英 ⇄ 精英 —— 部门 B

把部门里最能干的精英派到对方那里工作几个月，在双方之间建立互信。

- 连接断点的互信关系建立：联络官计划

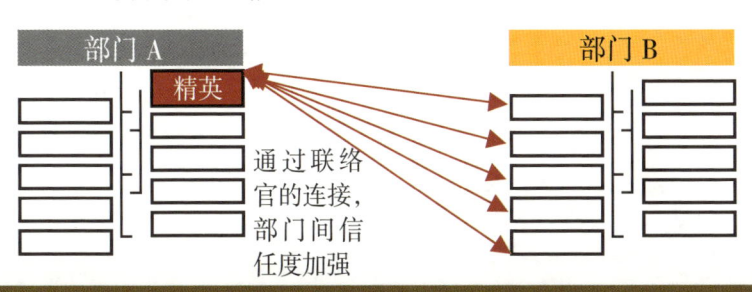

部门 A —— 精英 —— 部门 B

通过联络官的连接，部门间信任度加强

78. 效率组织形态：如何持续提升效率？

传统的指挥控制式架构

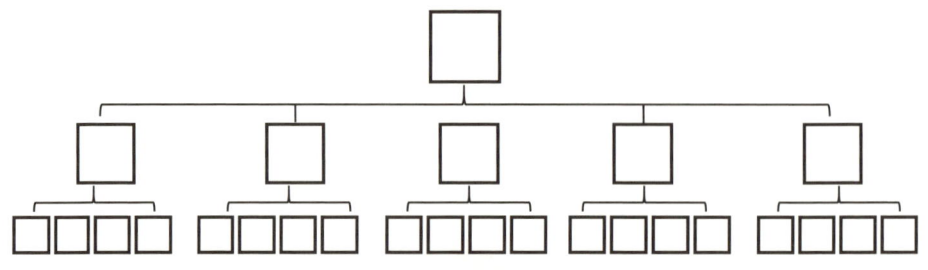

特点：自上而下的指挥体系，在每个层级中，管理者会检视目标，将目标分割成相互剥离的任务，并将任务打包分派出去。

小团体的指挥控制式架构

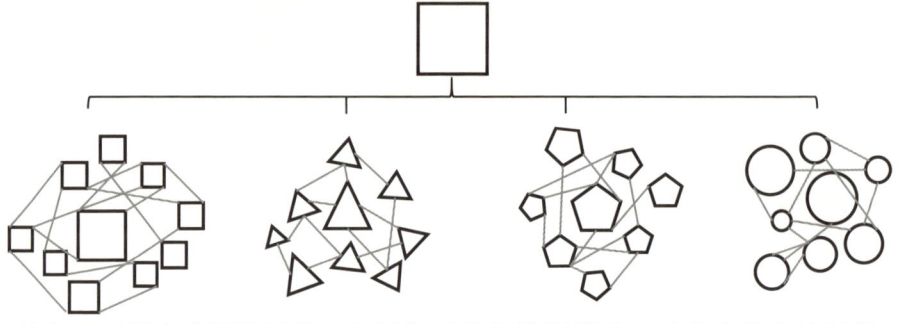

特点：下层为小团队结构，上层仍是指挥控制模式，效率比传统控制模式高。小团队自身能够变得强悍，但团队和团队之间缺乏信任。

小团体构成效率组织模型

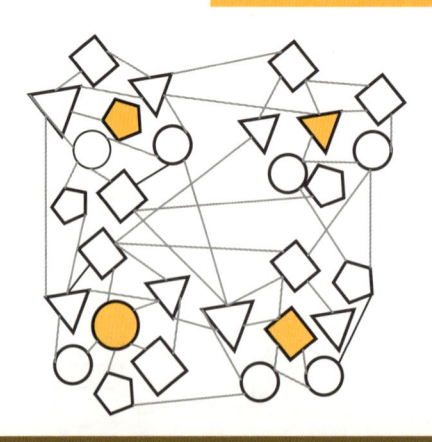

特点：由小团队构成的大组织，在这个组织内，各组成团队之间的关系如同团队内部成员之间的关系，通过互信和目标的分享融合成一个整体，是一个富有韧性的网状组织。

如何把控制式组织架构转化成效率组织形态？

乌卡时代（VUCA），整个世界变得更加易变、不确定、错综复杂和模糊，为提高整体效率，需要把控制式的组织转化成效率型组织。

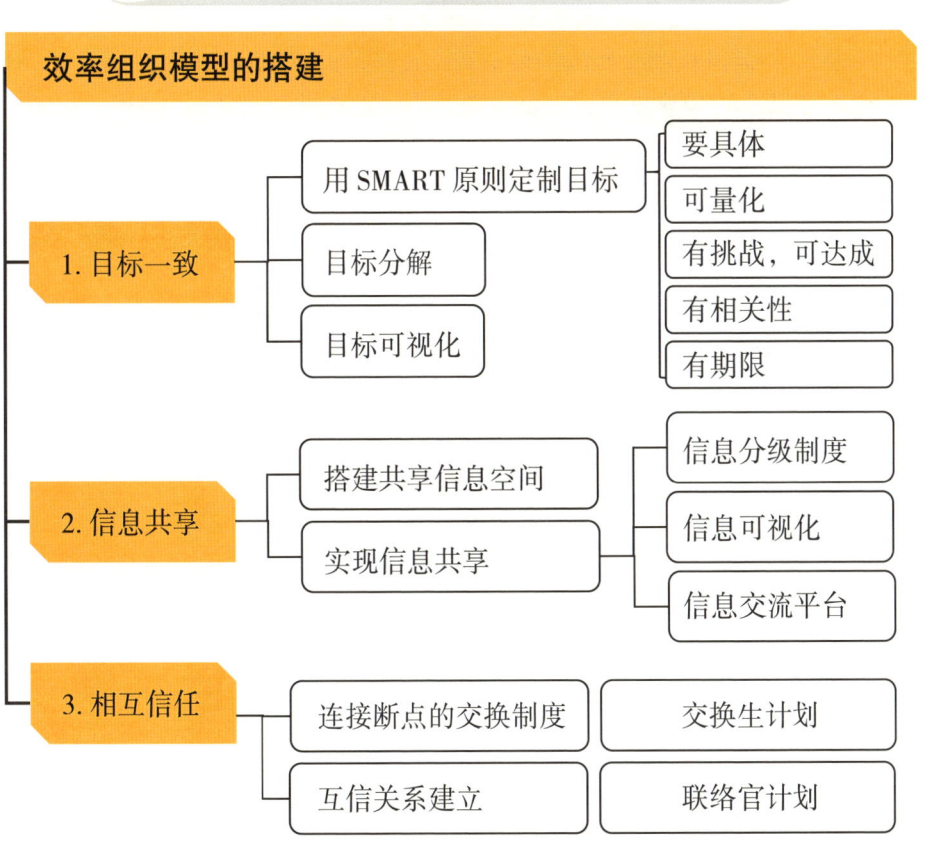

- **V** Volatility 易变性
- **U** Uncertainty 不确定性
- **C** Complexity 复杂性
- **A** Ambiguity 模糊性

效率组织模型的搭建

1. 目标一致
- 用 SMART 原则定制目标
  - 要具体
  - 可量化
  - 有挑战，可达成
  - 有相关性
  - 有期限
- 目标分解
- 目标可视化

2. 信息共享
- 搭建共享信息空间
- 实现信息共享
  - 信息分级制度
  - 信息可视化
  - 信息交流平台

3. 相互信任
- 连接断点的交换制度
  - 交换生计划
- 互信关系建立
  - 联络官计划

79. 精益屋：企业的大局观

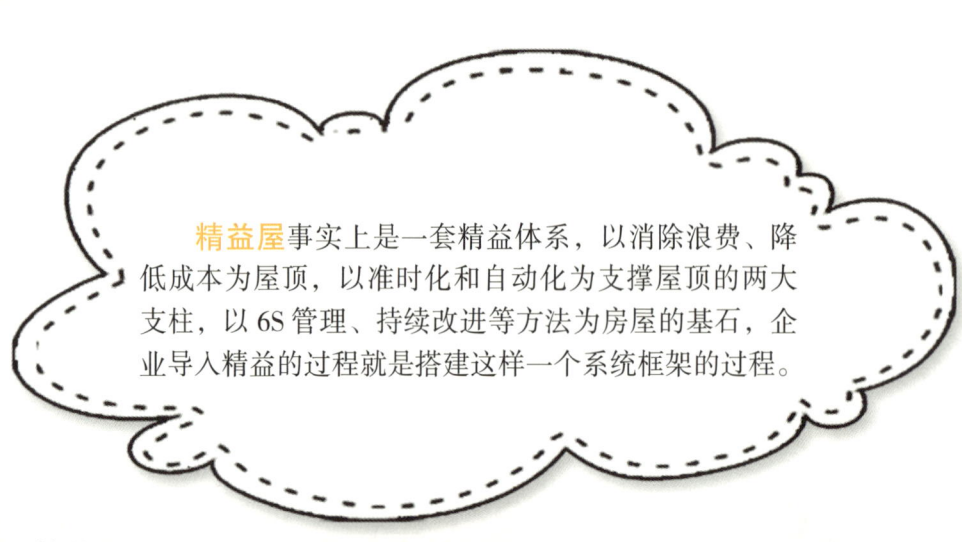

精益屋事实上是一套精益体系，以消除浪费、降低成本为屋顶，以准时化和自动化为支撑屋顶的两大支柱，以 6S 管理、持续改进等方法为房屋的基石，企业导入精益的过程就是搭建这样一个系统框架的过程。

精益屋

通过杜绝浪费以缩短生产流程，实现下列目标：
最佳品质、最佳成本、最短周期、最佳安全性、最高员工士气

准时化
在正确的时间生产正确数量的正确产品
- 时间规划
- 整合物流作业
- 快速切换
- 拉式制度
- 持续性流程

人员与团队

持续改进
以人为本

- 现地现物
- 解决问题

自动化
使问题显现
- 人员与机器协作
- 安灯
- 防呆防错

生产均衡化
稳定且标准化的流程
"丰田模式"理念
目视化管理

搭建企业自己的框架系统

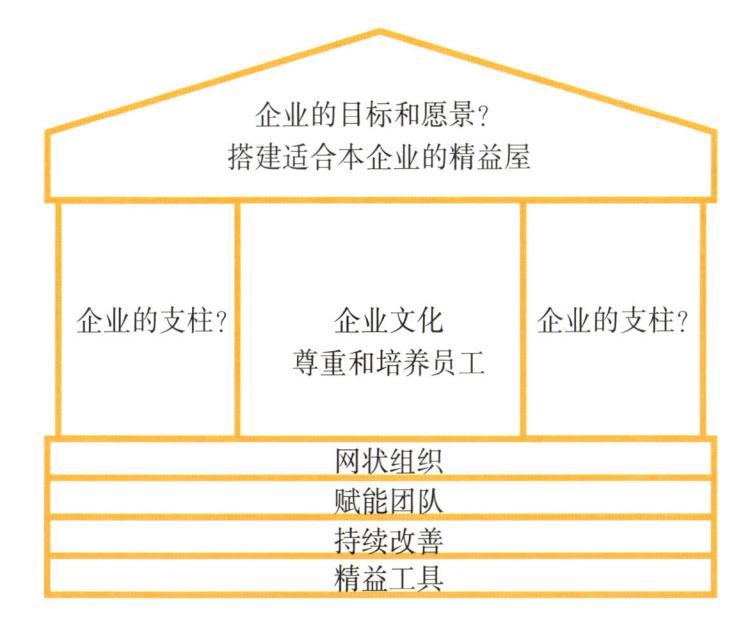

```
         企业的目标和愿景？
        搭建适合本企业的精益屋

  企业的支柱？  |  企业文化      |  企业的支柱？
              |  尊重和培养员工 |

              网状组织
              赋能团队
              持续改善
              精益工具
```

搭建企业自己的精益系统

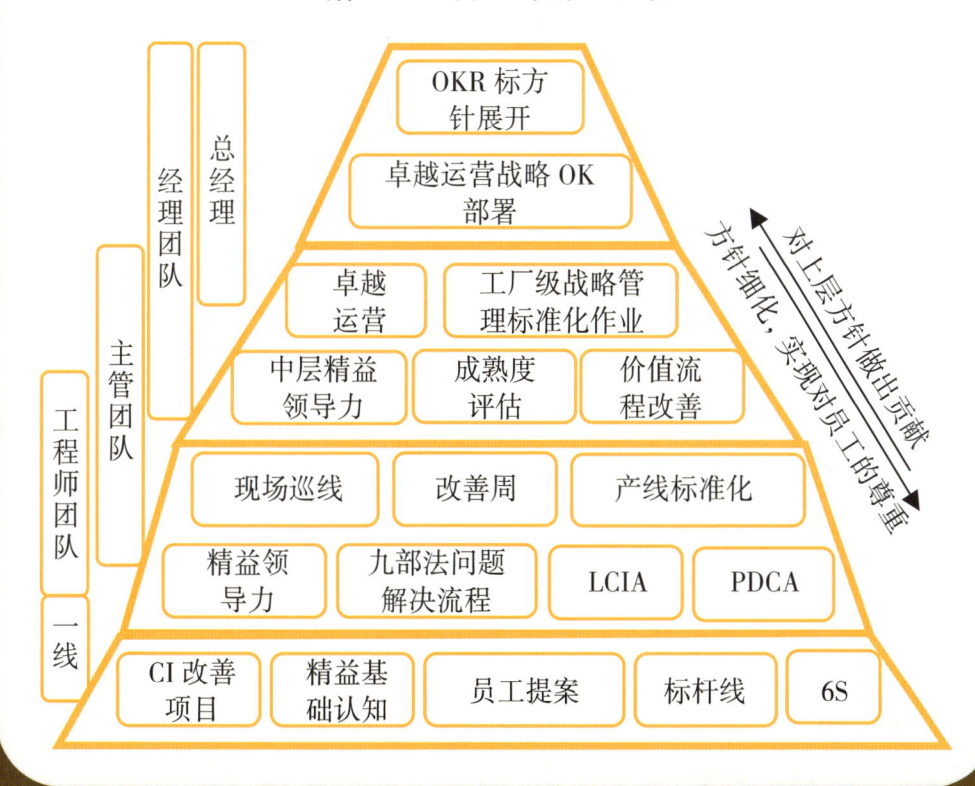

金字塔结构（从顶到底）：

- OKR 标方针展开
- 卓越运营战略 OK 部署
- 卓越运营 | 工厂级战略管理标准化作业
- 中层精益领导力 | 成熟度评估 | 价值流程改善
- 现场巡线 | 改善周 | 产线标准化
- 精益领导力 | 九部法问题解决流程 | LCIA | PDCA
- CI 改善项目 | 精益基础认知 | 员工提案 | 标杆线 | 6S

左侧层级：总经理 / 经理团队 / 主管团队 / 工程师团队 / 一线

右侧标注：方针细化，实现对员工的尊重 ↔ 对上层方针做出贡献

80. 效率九宫：打造高效率生态组织

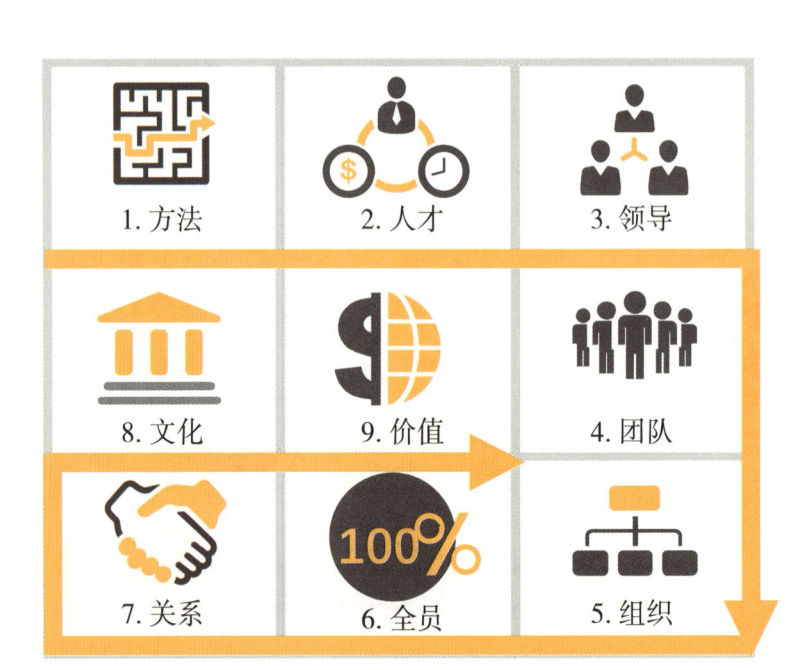

1. 方法	2. 人才	3. 领导
8. 文化	9. 价值	4. 团队
7. 关系	6. 全员	5. 组织

1	方法：提升效率，思考的方法必须要精进
2	人才：有了匹配的人才，持续改善才有可能
3	领导：领导决定管理的效率
4	团队：提升效率，需要打造敏捷团队
5	组织：互联网时代，需要高效率的组织形态
6	全员：群众的力量是推动一切的源泉
7	关系：效率改善的润滑剂和拦路虎
8	文化：增加员工的归属感
9	价值：让价值在组织中流淌

效率，都是"拼"出来的！

从九个方面做评估，找差距，补短板，持续攀登，实现高效率生态组织。

终极价值：培养会思考会改善的员工

- 价值
- 企业文化
- 关系：360°评估
- 全员：推进改进过程
- 组织：一起玩、学、干
- 团队：打造敏捷协同团队
- 领导：打破思维瓶颈
- 人才：培养想、学、通、用的四种能力
- 方法：构架思考力、强有力发问、3P7F模型

关系，文化，价值：建立积极意识形态

团队，组织，全员：形成稳定结构

方法，人才，领导：打下坚实基础

81. 精益极致：行则将至，心至必成

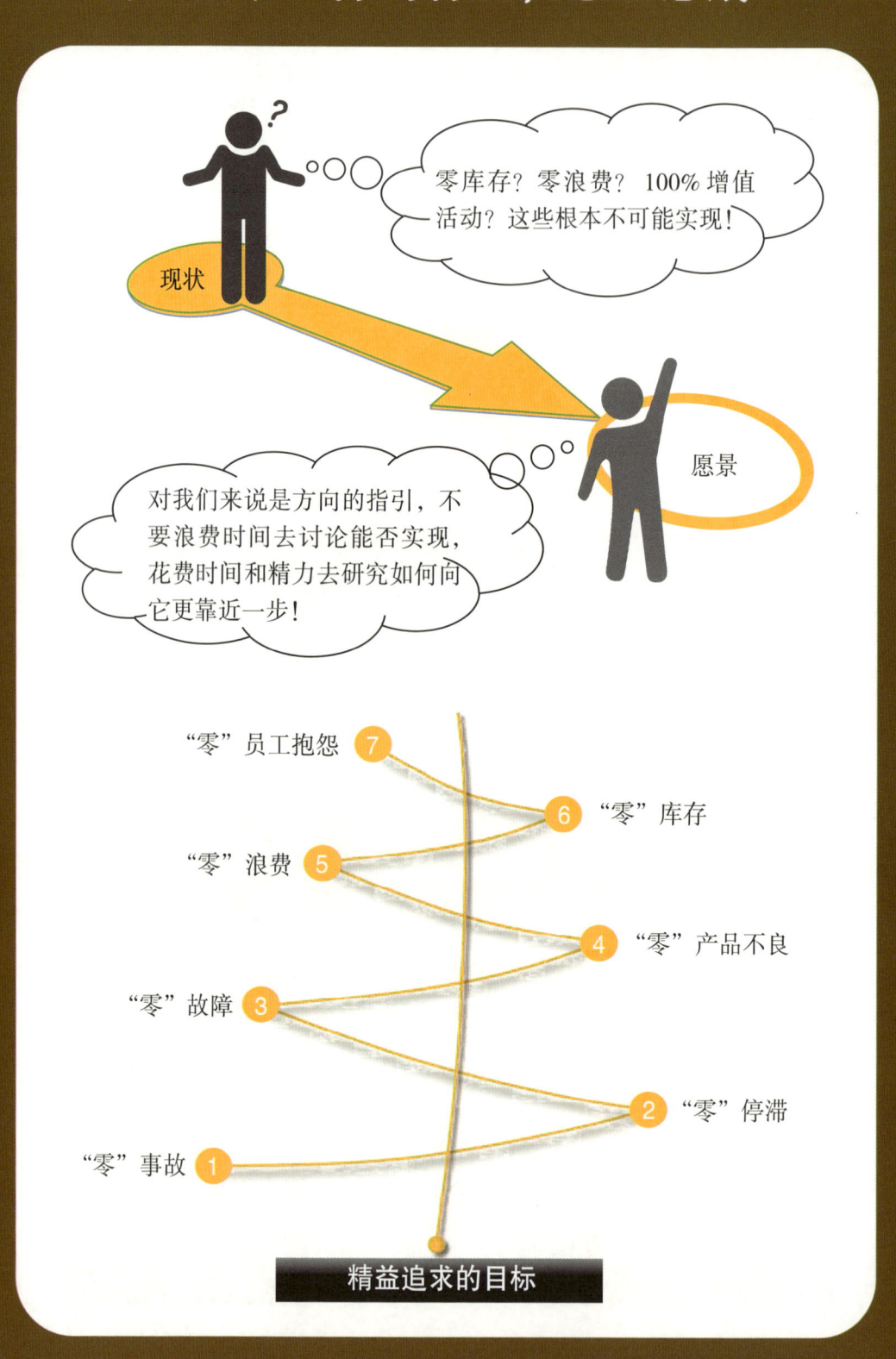

现状

零库存？零浪费？100%增值活动？这些根本不可能实现！

愿景

对我们来说是方向的指引，不要浪费时间去讨论能否实现，花费时间和精力去研究如何向它更靠近一步！

- "零"员工抱怨 ⑦
- "零"库存 ⑥
- "零"浪费 ⑤
- "零"产品不良 ④
- "零"故障 ③
- "零"停滞 ②
- "零"事故 ①

精益追求的目标

精益求精，极致为美！

"一战略"即用第一性原理思维制定创新战略，就是通过回归问题的基本事实和基础逻辑来构建全新的战略思想，而不是依赖已有的假设或传统的行业惯例。

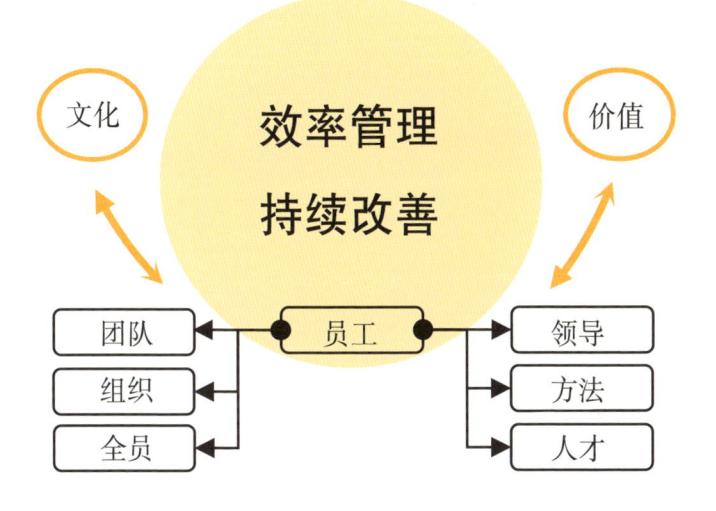

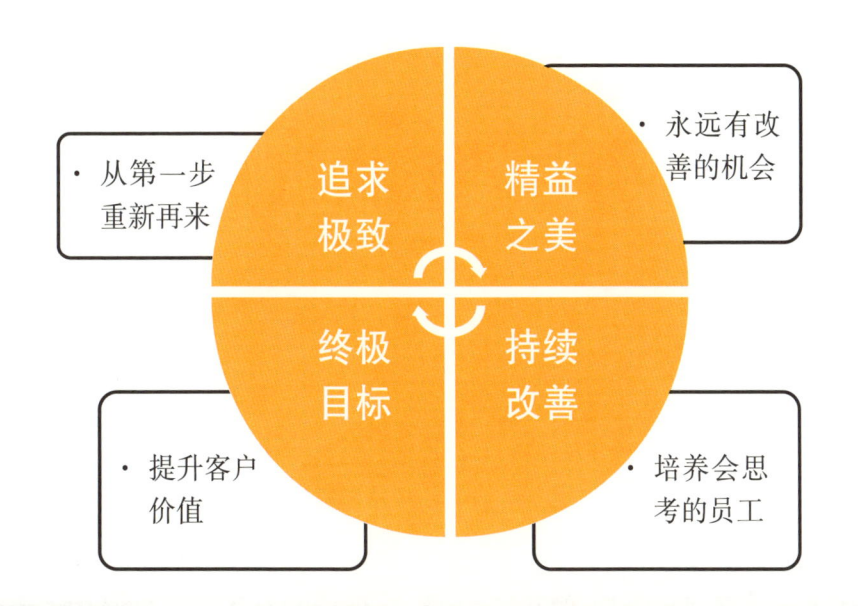

效率管理 持续改善

- 文化
- 价值
- 团队
- 组织
- 全员
- 员工
- 领导
- 方法
- 人才

- 追求极致
- 精益之美
- 终极目标
- 持续改善

- 从第一步重新再来
- 永远有改善的机会
- 提升客户价值
- 培养会思考的员工

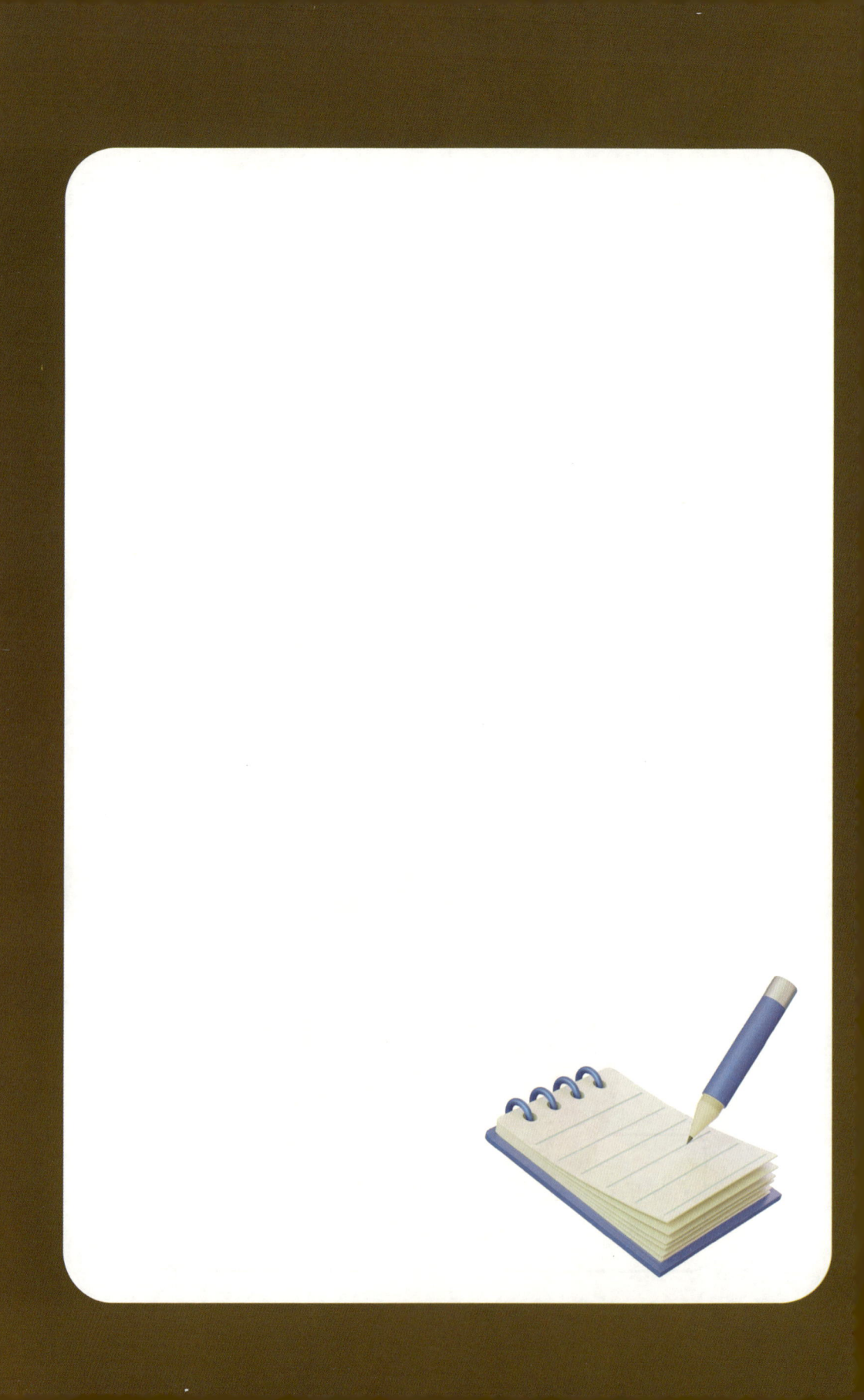